全国高校出版社主题出版

解码"中国之治"十六讲

郑长忠 ◎ 著

复旦大学出版社

目　录

第一讲　中国之治 …………………………… 001
第二讲　党的领导 …………………………… 013
第三讲　人民民主 …………………………… 027
第四讲　依法治国 …………………………… 041
第五讲　优化政府 …………………………… 053
第六讲　发展经济 …………………………… 067
第七讲　繁荣文化 …………………………… 083
第八讲　造福人民 …………………………… 097
第九讲　社会治理 …………………………… 111
第十讲　生态文明 …………………………… 123
第十一讲　党指挥枪 ………………………… 135
第十二讲　一国两制 ………………………… 147
第十三讲　和平外交 ………………………… 157
第十四讲　权力监督 ………………………… 171
第十五讲　中国之道 ………………………… 185
第十六讲　大国战"疫" ……………………… 197
后记 …………………………………………… 206

第一讲

中国之治

党的十九届四中全会于 2019 年 10 月 28 日至 31 日在北京召开,会议审议通过了《中共中央关于坚持和完善中国特色社会主义制度、推进国家治理体系和治理能力现代化若干重大问题的决定》(以下简称《决定》)。本次会议确定了中国特色社会主义制度的"四梁八柱",并且提出要将整个中国特色社会主义制度进一步推向成熟和定型,这对中国特色社会主义事业发展、党的治国理政乃至"面向未来人类现代文明的中国形态"的确立都具有重要的里程碑意义。要理解这一里程碑意义,就需要从理论、历史和实践三个维度来把握。

一、从理论维度认识党的十九届四中全会的里程碑意义

从理论维度来看,党的十九届四中全会所确立的中国特色社会主义制度的"四梁八柱",本质上就是中国现代国家制度体系和治理体系基本成熟的产物。协调社会关系、解决社会问题一直是国家的基本职能,国家在承担这一基本职能的过程中产生了相应的治理体系,一定的治理体系产生相应的治理能力。国家治理体系和治理能力是一个国家的制度和制度执行能力的集中体现,两者相辅相成。一方面,国家治理体系的形态和国家治理能力的水平在很大程度上取决于国家制度;另一方面,国家制度也会适应社会治理任务的需要,做出相应的改革和调整。

党的十九届四中全会所确立的中国特色社会主义制度体系还具有文明建构层面的重大意义。国家制度体系和治理体系的

成熟、定型是国家和社会发展的重要前提,也是人类文明成熟的基本标志。中国是世界上唯一一个延续至今、没有中断过自身文明发展的文明古国。历史上,中国在每一次的文明转型和发展过程中,都会定型与之相适应的、成熟的国家制度体系和治理体系。例如,中国从秦代开始建立了古典政治制度体系,并在汉代使这一制度体系成熟和定型。秦汉所形成的中国古典政治制度体系及国家治理体系,保证了中国后来 2 000 多年的国家稳定和文明发展。因此,国家制度体系、国家治理体系与文明形态发展具有密切的内在联系。这一基本联系也呈现在人类不同历史时期和不同类型的文明形态发展过程中,显然,这一理论逻辑也适用于当前中国现代文明形态建构的过程中。这就意味着,党的十九届四中全会所确定的中国特色社会主义制度的"四梁八柱",将对中国特色现代文明形态发展具有十分重要意义。

二、从历史维度认识党的十九届四中全会的里程碑意义

从历史维度来看,一个国家的治理体系和治理能力与这个国家的历史传承和文化传统密切相关,要理解中国特色社会主义制度及其相应的国家治理体系,我们就需要理解其背后的历史逻辑。1840 年鸦片战争后,中国的古典文明受到现代化浪潮的严重冲击。由此,能否实现中华文明由古典向现代的转型,成为 1840 年以后最重大的历史命题,也关系到中华民族的存亡和复兴。这其中,能否实现国家制度由古典向现代的转型,并以转型后的国家制度推动整个社会和文明的转型,又是这一历史命题的关键所在。从洋务派到改良派,再到资产阶级革命派,都对

回答这一历史命题,给出了自己的答案,但是却一一失败,终究未能改变旧中国的社会性质和中国人民的悲惨命运。数十年的探索,让当时的中国人逐渐开始意识到实现中国文明形态转型的关键在于如何将当时"一盘散沙"的中国社会组织起来。

中国共产党作为一种强有力的组织化力量成为中国现代国家和文明形态转型的领导力量。100年前,十月革命一声炮响,给中国送来了马克思列宁主义。在马克思列宁主义同中国工人运动的结合过程中,1921年中国共产党应运而生。在中华民族危急存亡之秋,只有中国共产党能够代表最广大人民的根本利益,只有中国共产党能够切实承担起中国实现政治现代化转型和民族解放与独立的历史任务。在党的领导下,中国逐渐走出了一条以政党力量领导人民、驾驭军队、建立国家的现代政治转型之路。同时,以现代政治的转型为先导,以政党和现代国家的力量,推动建构现代社会、发展现代经济。于是,现代文明建构的"中国路径"开始演绎生成,中国共产党正是在这一历史过程中,成为中国现代文明形态探索、转型和发展的领导核心。

党领导人民取得了新民主主义革命的胜利,建立了社会主义国家的制度基础,并在这一制度基础上,推进了社会主义建设,奠定了我国现代化的重要基础。党团结带领人民找到了一条以农村包围城市、武装夺取政权的正确革命道路,进行了28年浴血奋战,完成了新民主主义革命,1949年建立了中华人民共和国,推翻了压在中国人民头上的帝国主义、封建主义、官僚资本主义三座大山,实现了中国从几千年封建专制政治向人民民主的伟大飞跃。新中国建立后,如何建立符合我国实际的先进的国家制度和社会制度，又成为这一阶段党领导人民进行中国现代文明转型的关键任务。社会主义国家的制度形态应该是什么样，中国现代国家的政权结构应该如何设置，这些重大而基本的问题，在人类文明史上几乎没有参考答案。在这样的时代背景之下，中国共产党领导人民建立了工人阶级领导的、以工农联盟为基础的人民民主专政的社会主义国家，确立了社会主义制度是国家的根本制度。在党领导下的现代国家建立起来后，为了更有效地发挥组织化力量优势，将革命过程中中国共产党克服中国社会"一盘散沙"的组织机制制度化，党领导人民进行了有益的政治探索，建立了计划经济体制和单位社会体制，满足了当时现代化建设所需要的高度组织化的内在需求。在社会主义国家制度基础上，党领导人民推进社会主义建设，完成了中华民族有史以来最为广泛而深刻的社会变革，为当代中国一切发展进步奠定了根本政治前提和制度基础，实现了中华民族由近代不断衰落到根本扭转命运、持续走向繁荣富强的伟大飞跃。在这一时期，党还领导人民进行了一系列卓有成效的社会主义现代化建设，奠定了我国现代化的基础。

为了进一步推进中国现代文明形态的转型和发展，党团结带领人民进行改革开放新的伟大革命，开辟了中国特色社会主义道路，使中国大踏步赶上时代。中国特色社会主义具有深刻的文明转型意义，中国特色社会主义发展过程中也逐渐完成了中国现代文明形态要素的生成。中国特色社会主义市场经济、社会主义民主政治、社会主义法治、社会主义和谐社会等一系列现代文明形态要素都在党的领导下逐步生成。

就中国特色社会主义市场经济要素而言。党的十一届三中全会做出了改革开放的决定,并在党的十四大上提出了建立社会主义市场经济体制的改革方向,1993年党的十四届三中全会做出了《关于建立社会主义市场经济体制若干问题的决定》,设计了社会主义市场经济体制的基本框架。

就中国特色社会主义民主政治和社会主义法治要素而言。在党的十五大上提出党领导人民治理国家的基本方略,就是广大人民群众在党的领导下,依照宪法和法律规定,逐步实现社会主义民主的制度化、规范化、程序化。1999年,九届全国人大二次会议通过的宪法修正案规定:"中华人民共和国实行依法治国,建设社会主义法治国家",将依法治国上升到国家宪法的层面。

就中国特色社会主义和谐社会要素而言。在党的十六届四中全会上正式提出了"构建社会主义和谐社会"的概念。2006年10月,在党的十六届六中全会上审议通过的《中共中央关于构建社会主义和谐社会若干重大问题的决定》中,全面深刻地阐明了中国特色社会主义和谐社会的性质和定位、指导思想、目标任务工作原则和重大部署。党的十七大再次强调了构建社会主义和谐社会的重要性,标志着我国现代社会的建设进入新的阶段。

这一历史过程我们称之为中国现代文明形态的要素生成阶段,在这一阶段,作为中国现代文明形态基本要素的现代政党、现代国家、现代市场、现代社会逐步发展和完善。但是,现代文明形态的基本要素逐步生成后,文明发展的两个内在需求就开始显现出来:一是,现代文明形态内部各要素主体之间关系有机化的需求;二是,随着各要素生成,文明形态整体对各要素发展提出更高的要求,各要素自身形态和功能进一步发展的需求凸显。于是,推动现代文明形态的各要素进一步发育,推动现代文明整体形态的有机化，就成为新时期中国现代文明形态建构的主题。

根据现代文明形态整合跃升和中国特色社会主义制度逐步定型阶段的要求，新时期，我们需要通过全面改革的方式，让政党、国家、社会、市场等各个要素得到充分的功能开发，同时，推动政党、国家、社会、市场彼此之间的有机互动的形成。党的十八届三中全会提出了"全面深化改革"的命题，并且强调要基于顶层设计，以整体性建构的方式来进行全面深化改革，完善和发展中国特色社会主义制度，推进国家治理体系和治理能力现代化建设。这一命题释放出一个强烈的信号，即中国特色社会主义制度将逐步进入定型阶段。同时，在党的十八届三中全会上提出，"全面深化改革的总目标是完善和发展中国特色社会主义制度，推进国家治理体系和治理能力现代化。"这一目标的提出吹响了中国特色现代文明形态建构从要素生成向整体建构发展的历史号角。

回顾十八大以来党领导下的治国理政实践，中国特色社会主义制度从初步定型，到实现制度和组织上的进一步巩固，一系列事关现代文明形态发展的重大改革成果逐步落实。党的十八大以来，党领导人民统筹推进"五位一体"总体布局、协调推进"四个全面"战略布局，推动中国特色社会主义制度更加完善、国家治理体系和治理能力现代化水平明显提高。在党的十九大之前，总计推出了1 500项左右改革措施。十八届三中全会后，党中央对这一系列改革措施的落实和推进进行了周密的部署。十八届四中全会"全面依法治国"的提出意味着，在社会主义法治国家进一步发展的基础上，一系列改革措施必须通过法治方式巩固下来。十八届六中全会"全面从严治党"的提出意味着,在现代政党逐步发展的基础上,一系列改革措施必须以政党组织化的方式加以推进。十八大以来,持续推进的全面深化改革和逐步推进的国家治理体系和治理能力现代化建设,在发展和完善中国特色社会主义制度上迈出了重要的一步,为中国新型现代文明的形态整合和跃升做好了最后的准备工作。在这一过程中,作为新型现代文明形态重要组成部分的现代国家治理也从要素生成阶段进入了整体跃升阶段。

党的十九大的召开标志着中国特色社会主义进入新时代,也标志着中国特色现代文明形态建构进入了整体定型和跃升的历史阶段。党的十九大确立了习近平新时代中国特色社会主义思想作为指导思想的根本地位,从而确立了中国特色社会主义制度和中国特色现代文明形态完成整合跃升的理论指导和思想基础。如何将习近平新时代中国特色社会主义思想这一重大的理论和思想成果,在制度和实践层面落实、巩固下来,就成为新时代中国特色社会主义建设的一项重要任务。党的十九届四中全会正是呼应了这一重要任务,是对中国特色社会主义制度建设成果和国家治理体系和治理能力现代化建设成果的一次整体总结和定型。因此,党的十九届四中全会的成果是现代文明建构"中国路径"的具有里程碑意义的重大成果。

三、从实践维度认识党的十九届四中全会的里程碑意义

从实践维度来看,党的十九届四中全会对中国特色社会主义制度体系和中国现代国家治理体系"四梁八柱"的定型主要通

过四个方面展开,即关于党的领导的制度体系,关于中国特色社会主义事业总体布局的制度体系,关于维护国家主权、安全和发展的制度体系和关于权力监督的制度体系。我们将分别讨论以上四方面的制度体系内容。

第一,关于党的领导的制度体系。《决定》强调,"中国共产党领导是中国特色社会主义最本质的特征,是中国特色社会主义制度的最大优势,党是最高政治领导力量"。[①] 党的领导制度也是中国特色社会主义制度体系的根本制度。党的领导的制度体系主要包括三个主要部分。一是党的自我领导体系。打铁还需自身硬,党要有效领导中国特色社会主义事业,首先需要保证党对自身的有效领导。例如,建立不忘初心、牢记使命的制度意味着完善党对自身政治和思想领导的制度体系。完善坚定维护党中央权威和集中统一领导的各项制度意味着完善党对自身组织领导的制度体系。完善全面从严治党制度意味着完善党对自身建设领导的制度体系。二是党对社会主义事业的领导体系。例如,健全党的全面领导制度,就是要完善党领导人大、政府、政协、监察机关、审判机关、检察机关、武装力量、人民团体、企事业单位、基层群众自治组织、社会组织等制度,健全各级党委(党组)工作制度,确保党在各种组织中发挥领导作用。三是党对人民群众的领导体系。例如,健全为人民执政、靠人民执政各项制度,就是要坚持群众路线,完善党领导人民群众的制度体系。

第二,关于中国特色社会主义事业总体布局的制度体系。

[①] 《中共中央关于坚持和完善中国特色社会主义制度 推进国家治理体系和治理能力现代化若干重大问题的决定》,人民出版社,2019年,第6页。

这一制度体系与政治建设、经济建设、文化建设、社会建设、生态文明建设"五大建设"相对应,是党领导中国特色社会主义事业建设的制度保障。一是政治建设制度体系。这一制度体系主要围绕社会主义民主政治、社会主义法治、社会主义行政体制等社会主义政治建设主题。就其内涵而言,涉及坚持和完善人民当家作主制度体系,发展社会主义民主政治;坚持和完善中国特色社会主义法治体系,提高党依法治国、依法执政能力;坚持和完善中国特色社会主义行政体制,构建职责明确、依法行政的政府治理体系等。二是经济建设制度体系。这一制度体系主要指的是坚持和完善社会主义基本经济制度。就其内涵而言,包括社会主义所有制制度、分配制度、市场经济制度、科技创新制度和对外开放制度等。三是文化建设制度体系。这一制度体系主要指的是坚持和完善繁荣发展社会主义先进文化的制度。就其内涵而言,包括坚持马克思主义在意识形态领域指导地位的根本制度,坚持以社会主义核心价值观引领文化建设制度,健全人民文化权益保障制度,完善坚持正确导向的舆论引导工作机制,建立健全把社会效益放在首位、社会效益和经济效益相统一的文化创作生产体制机制等。四是社会建设制度体系。这一制度体系主要由坚持和完善统筹城乡的民生保障制度、坚持和完善共建共治共享的社会治理制度两个基本的方面构成。五是生态建设制度体系。这一制度体系主要指的是坚持和完善生态文明制度体系。就其内涵而言,包括实行最严格的生态环境保护制度、全面建立资源高效利用制度、健全生态保护和修复制度以及严明生态环境保护责任制度等。

第三,关于维护国家主权、安全和发展的制度体系。在完善国家政权内部发展制度体系的同时，也必须注重对国家主权和安全制度体系的建设。这一制度体系主要由三个部分构成。一是坚持和完善党对人民军队的绝对领导制度。主要包括坚持人民军队最高领导权和指挥权属于党中央、健全人民军队党的建设制度体系以及把党对人民军队的绝对领导贯彻到军队建设各领域全过程等。二是坚持和完善"一国两制"制度体系。主要包括全面准确贯彻"一国两制"、"港人治港"、"澳人治澳"、高度自治的方针，健全中央依照宪法和基本法对特别行政区行使全面管治权的制度以及坚定推进祖国和平统一进程等。三是坚持和完善独立自主的和平外交政策。主要包括健全党对外事工作领导体制机制、完善全方位外交布局、推进合作共赢的开放体系建设以及积极参与全球治理体系改革和建设等。

第四，关于权力监督的制度体系。国家制度的背后是对公共权力的运用，公共权力的有效监督是保障制度体系有效运行的基础。权力监督体系构成中国特色社会主义制度体系的"安全阀"。这一制度体系主要包括健全党和国家监督制度、完善权力配置和运行制约机制以及构建一体推进不敢腐、不能腐、不想腐体制机制等。

四、结语

综上所述，我们需要从理论、历史和实践三个维度理解十九届四中全会确立的中国特色社会主义制度体系。这一制度体系构成"中国之治"的基础支撑，中国特色社会主义事业的建设、发展和优势都得益于此，中国现代文明形态的构建也有赖于此。当中国特色社会主义制度体系基本定型后，我们还将继续面对

"中国之治"所依赖的国家治理体系变与不变的命题。一方面,经过党领导中国人民进行近百年的探索和实践,中国特色社会主义制度体系已基本定型,这意味着中国现代国家治理体系的主要维度、基本框架、根本原则和核心内涵都已经成熟、明确和定型,这是"中国之治"的"不变";另一方面,国家治理体系需要与国家治理任务的变化相适应,随着公共事务的变化,国家治理体系的工作机制、实践方式等也会实事求是地变化,这是"中国之治"的"变"。这一"变"与"不变"的逻辑保证了中国国家治理体系的弹性和韧性,也保证了"中国之治"的不断创新和发展。

第二讲

党的领导

党的十九届四中全会确立了中国特色社会主义制度体系和中国现代国家治理体系的"四梁八柱",从而也确立了党治国理政的"四梁八柱"。在上一讲中,我们已经讨论到,这一"四梁八柱"主要包括关于党的领导的制度体系,关于中国特色社会主义事业总体布局的制度体系,关于维护国家主权、安全和发展的制度体系以及关于权力监督的制度体系等基本方面。显然,在这些基本方面中,关于党的领导的制度体系是最为关键和核心的。

一、从理论、历史和实践维度认识党的领导制度体系的重要意义

《决定》对党的领导的重要意义进行了集中概括,"中国共产党领导是中国特色社会主义最本质的特征,是中国特色社会主义制度的最大优势,党是最高政治领导力量"。[①] 我们应当如何理解这一重要意义,应当如何理解作为党治国理政"四梁八柱"最关键方面的党的领导的制度体系呢?我们需要从理论、历史和实践三个维度理解党的十九届四中全会所确立的中国特色社会主义制度体系,这三个维度也是我们理解党的领导的制度体系的基本维度。我们需要从历史维度和理论维度认识党的领导,最终关于党的领导的认识将统一于党的领导制度体系的实践维度之中。

---

① 《中共中央关于坚持和完善中国特色社会主义制度 推进国家治理体系和治理能力现代化若干重大问题的决定》,人民出版社,2019年,第6页。

从历史维度来看。在中国从古典文明向现代文明的转型过程中,逐渐证明只有中国共产党能够代表最广大人民的根本利益,只有中国共产党能够切实承担起中国实现政治现代化转型和民族解放与独立的历史任务。因此,中华民族最终选择了中国共产党作为实现这一转型的领导力量。在党的领导下,中国逐渐走出了一条以政党力量领导人民、驾驭军队、建立国家的现代政治转型之路。同时,以现代政治的转型为先导,以政党和现代国家的力量,推动建构现代社会、发展现代经济,即走出了一条现代文明建构的"中国路径"。在这一"中国路径"中,中国共产党成为整个现代文明建设和新型文明形态建构的重要政治前提和组织基础,也成为领导人民、建立国家、推动社会发展的中坚力量。

从理论维度来看。党领导下的现代文明建构的"中国路径"这一历史事实,奠定了中国政治的基本理论框架,即政党领导国家、政党领导社会。在这一基本框架中,党处于领导地位,"党政军民学,东西南北中,党是领导一切的"。[①] 这一基本的理论框架构成我们认识、理解当代中国改革与发展的任何问题的政治空间。当代中国政治的权力关系运行和公共事务治理都在这一政治空间中实现,党作为这一政治空间的领导力量,其对于国家、社会以及自身的领导必须由相应的制度体系予以保障,才能够真正做到统揽全局、协调各方,才能够把党的领导落实到国家治理的各个领域、各个方面、各个环节。

因此,不论是从历史维度来看,还是从理论维度来看,坚持

[①] 《决胜全面建成小康社会 夺取新时代中国特色社会主义伟大胜利——在中国共产党第十九次全国代表大会上的报告》,人民出版社,2017年,第20页。

和完善中国共产党领导的制度体系,都必然成为走进新时代,推进国家治理体系和治理能力现代化建设,保证中国特色社会主义事业持续健康发展,实现中华民族伟大复兴中国梦的关键环节。这一关键环节最终还是要落实到实践维度中,即一方面要落实到党的领导制度体系的运行过程中去,另一方面更要落实到党的领导制度体系的不断完善的过程中去。总的来说,就是要在不断坚持和完善党的领导制度体系的过程中,落实和加强党的领导,推进党的治国理政的发展。那么我们应当如何坚持和完善党的领导制度体系呢?这将是我们在后面的部分重点讨论的内容。

二、建立不忘初心、牢记使命的制度

坚持和完善党的领导制度体系首先要夯实党的领导的价值基础,为党的各项领导制度的确立、完善和发展明确基本的价值方向和根本原则,即确立了党的各项领导制度的"根"和"魂"。因此,要建立不忘初心、牢记使命的制度。坚持和完善不忘初心、牢记使命的制度需要贯彻到三个基本层面:一是贯彻到党的思想领导的过程中,尤其是贯彻到党领导和团结人民的过程中;二是贯彻到党的建设的过程中;三是贯彻到党领导下的治国理政过程中。党的十九届四中全会明确提出,要建立不忘初心、牢记使命的制度,明确了不忘初心、牢记使命的制度的基本原则,并对从各个层面落实不忘初心、牢记使命的制度提出了基本要求。

第一,从党的思想领导的层面来看。《决定》指出,"要坚持用共产主义远大理想和中国特色社会主义共同理想凝聚全党、团结人民,用习近平新时代中国特色社会主义思想武装全党、教育人民、指导工作,夯实党执政的思想基础"①,明确党的领导和治国理政的大前提。

第二,从党的建设的层面来看。《决定》指出,"要把不忘初心、牢记使命作为加强党的建设的永恒课题和全体党员、干部的终身课题,形成长效机制,坚持不懈锤炼党员、干部忠诚干净担当的政治品格"②,将党的建设中至关重要的党性修养环节制度化、常态化。

第三,从党领导下的治国理政层面来看。《决定》指出,"要全面贯彻党的基本理论、基本路线、基本方略,持续推进党的理论创新、实践创新、制度创新,使一切工作顺应时代潮流、符合发展规律、体现人民愿望"③,切实推进党的治国理政的发展。

三、完善坚定维护党中央权威和集中统一领导的各项制度

明确了党的领导制度体系的价值前提后,还需要进一步坚持和完善党的各项领导制度。顾名思义,首先需要坚持和完善的就是党的领导制度本身,即为坚定维护党中央权威和集中统一领导完善制度基础。坚持和完善坚定维护党中央权威和集中统一领导的各项制度主要需要贯彻到三个基本层面:一是贯彻到坚定维护党内思想统一的过程中;二是贯彻到坚定维护党的

---

① 《中共中央关于坚持和完善中国特色社会主义制度 推进国家治理体系和治理能力现代化若干重大问题的决定》,人民出版社,2019年,第6页。
② 同上。
③ 同上书,第7页。

决策统一的过程中;三是贯彻到坚定维护党的组织统一的过程中。党的十九届四中全会对从各个层面坚持和完善坚定维护党中央权威和集中统一领导的各项制度也做出了要求和规定。

第一,从坚定维护党内思想统一的层面来看。《决定》指出,就是要"推动全党增强'四个意识'、坚定'四个自信'、做到'两个维护',自觉在思想上政治上行动上同以习近平同志为核心的党中央保持高度一致,坚决把维护习近平总书记党中央的核心、全党的核心地位落到实处"。① 通过坚定维护党内思想统一,加强党的领导权威。

第二,从坚定维护党的决策统一的层面来看。《决定》指出,就是要"健全党中央对重大工作的领导体制,强化党中央决策议事协调机构职能作用,完善推动党中央重大决策落实机制,严格执行向党中央请示报告制度,确保令行禁止"。② 通过坚定维护党的决策统一,加强党的决策权威,保证党的领导的落实。

第三,从坚定维护党的组织统一的层面来看。《决定》指出,就是要"健全维护党的集中统一的组织制度,形成党的中央组织、地方组织、基层组织上下贯通、执行有力的严密体系,实现党的组织和党的工作全覆盖"。③ 由此,党从中央到基层,才能够获得权力、信息、决策、领导等各方面工作的有效保障,才能真正做到统揽全局,党中央的决策和指示,才能够真正通过党的组织体系落实到基层,落实到治国理政的各个环节、各个领域、各个

---

① 《中共中央关于坚持和完善中国特色社会主义制度 推进国家治理体系和治理能力现代化若干重大问题的决定》,人民出版社,2019年,第7页。
② 同上。
③ 同上。

方面。即通过坚定维护党的组织统一,加强党的组织权威,夯实党的领导力基础。

四、健全党的全面领导制度

在坚持和完善坚定维护党中央权威和集中统一领导的各项制度的基础上,如何落实党的全面领导又成为我们需要明确的关键制度,即需要建立党有效领导国家、领导社会的制度基础。党的十九届四中全会对健全党的全面领导制度作出了两个层面的要求和安排:一是健全党的全面领导的组织基础;二是健全党的全面领导的工作基础。

第一,从健全党的全面领导的组织基础来看。《决定》指出,就是要"完善党领导人大、政府、政协、监察机关、审判机关、检察机关、武装力量、人民团体、企事业单位、基层群众自治组织、社会组织等制度,健全各级党委(党组)工作制度,确保党在各种组织中发挥领导作用"[①],即党要建立能够对国家的人大、政府、司法等有关部门,对处于政治空间中的政协和群团组织等,对处于社会空间的企事业单位、社会组织等进行有效领导的组织基础,保证党组织在这些组织之中发挥相应地领导作用。

第二,从健全党的全面领导的工作基础层面来看。《决定》指出,就是要"完善党领导各项事业的具体制度,把党的领导落实到统筹推进'五位一体'总体布局、协调推进'四个全面'战略

[①] 《中共中央关于坚持和完善中国特色社会主义制度 推进国家治理体系和治理能力现代化若干重大问题的决定》,人民出版社,2019年,第7页。

布局各方面。完善党和国家机构职能体系,把党的领导贯彻到党和国家所有机构履行职责全过程,推动各方面协调行动、增强合力"。①

五、 健全为人民执政、靠人民执政各项制度

加强党的政治权威,加强党的全面领导,最终都是为了夯实党的执政基础,都要落实到党的执政过程中。中国共产党运行现代国家、推动现代国家发展,并进一步推动中国社会、经济、文化发展,主要是通过党的执政来实现。中国共产党人的初心和使命,就是为中国人民谋幸福,为中华民族谋复兴。党始终与人民同呼吸、共命运、心连心,始终把人民对美好生活的向往作为奋斗目标,以人民为中心是党执政的根本原则。因此,党的执政制度本质上就是为人民执政、靠人民执政的制度。党的十九届四中全会对健全党的执政制度作出了一系列要求,我们可以从三个主要层面来理解这一系列要求。一是健全夯实党靠人民执政的执政基础的制度;二是健全践行和落实党为人民执政的制度;三是健全提高党的执政能力和领导水平制度。

第一,从夯实党靠人民执政的执政基础的层面来看。《决定》指出,就是要"坚持立党为公、执政为民,保持党同人民群众的血肉联系,把尊重民意、汇集民智、凝聚民力、改善民生贯穿党治国理政全部工作之中,巩固党执政的阶级基础,厚植党执政的群众基础,通过完善制度保证人民在国家治理中的主

---

① 《中共中央关于坚持和完善中国特色社会主义制度 推进国家治理体系和治理能力现代化若干重大问题的决定》,人民出版社,2019年,第8页。

体地位,着力防范脱离群众的危险"。① 同时,《决定》还指出,要"健全联系广泛、服务群众的群团工作体系,推动人民团体增强政治性、先进性、群众性,把各自联系的群众紧紧团结在党的周围"。②

第二,从践行和落实党为人民执政的层面来看。《决定》指出,就是要"贯彻党的群众路线,完善党员、干部联系群众制度,创新互联网时代群众工作机制,始终做到为了群众、相信群众、依靠群众、引领群众,深入群众、深入基层"。③ 真正做到情为民所系,利为民所谋,权为民所用。党必须坚持以人民为中心,尊重人民群众的智慧和需求,在执政过程中充分调动人民群众的积极性、发挥人民群众的力量,通过执政保障人民群众的幸福生活、促进人民群众的全面发展。

第三,从提高党的执政能力和领导水平的层面来看。一是要健全党的民主集中制,发挥民主集中制的领导和决策优势。《决定》指出,要"完善发展党内民主和实行正确集中的相关制度,提高党把方向、谋大局、定政策、促改革的能力"。④ 二是要健全党的科学决策制度。《决定》指出,要"加强重大决策的调查研究、科学论证、风险评估,强化决策执行、评估、监督"。⑤ 三是改进党的领导方式和执政方式,增强各级党组织政治功能和组织力。四是健全党的执政监督和激励制度。《决定》指出,尤其

---

① 《中共中央关于坚持和完善中国特色社会主义制度　推进国家治理体系和治理能力现代化若干重大问题的决定》,人民出版社,2019年,第8页。
② 同上。
③ 同上。
④ 同上。
⑤ 同上。

是要"完善担当作为的激励机制,促进各级领导干部增强学习本领、政治领导本领、改革创新本领、科学发展本领、依法执政本领、群众工作本领、狠抓落实本领、驾驭风险本领,发扬斗争精神,增强斗争本领"。①

六、 完善全面从严治党制度

明确党的领导制度的价值基础,完善党的领导制度,健全党的执政制度,为党的治国理政确立了最关键的制度支撑。在党的领导制度体系健全和完善的过程中,我们始终不能忽视党的自身建设。作为中国特色社会主义事业的领导核心,党的自身建设是一系列具体的党的领导制度最终能否有效运行和发挥作用的基本前提。因此,党的十九届四中全会也强调了完善全面从严治党制度的重要意义,提出坚持党要管党、全面从严治党,增强忧患意识,不断推进党的自我革命,永葆党的先进性和纯洁性。党的十九届四中全会从价值、制度、组织和纪律四个层面对完善全面从严治党制度作出了要求和部署。

第一,从价值层面来看。《决定》指出,就是要"增强忧患意识,不断推进党的自我革命,永葆党的先进性和纯洁性"。② 增强忧患意识是党始终保持全面从严治党决心的重要要求和心理前提,全党要深刻认识党面临的执政考验、改革开放考验、市场经济考验、外部环境考验的长期性和复杂性,深刻认识党面临的

---

① 《中共中央关于坚持和完善中国特色社会主义制度 推进国家治理体系和治理能力现代化若干重大问题的决定》,人民出版社,2019年,第9页。
② 同上。

精神懈怠危险、能力不足危险、脱离群众危险、消极腐败危险的尖锐性和严峻性。不断推进党的自我革命是全面从严治党的重要途径，是党不断适应新时代、新形势下治国理政要求的必由之路。永葆党的先进性和纯洁性是全面从严治党的价值要求，影响党的先进性、弱化党的纯洁性的因素是十分复杂的，党内存在的思想不纯、组织不纯、作风不纯等突出问题尚未得到根本解决，通过全面从严治党永葆党的先进性和纯洁性是党的建设的重要任务。要坚决同一切影响党的先进性、弱化党的纯洁性的问题作斗争，大力纠治形式主义、官僚主义，不断增强党的创造力、凝聚力、战斗力，确保党始终成为中国特色社会主义事业的坚强领导核心。

第二，从制度层面来看。《决定》指出，就是要"深化党的建设制度改革，坚持依规治党，建立健全以党的政治建设为统领，全面推进党的各方面建设的体制机制"。[1] 健全党内法规体系是党的制度建设的关键举措；政治建设是党的制度建设的重要保证，党的政治建设是党的根本性建设，决定党的建设的方向和效果；各类党内体制机制建设是党的制度建设的实现形式。加强党内制度建设是党领导推进国家治理体系和治理能力现代化的内在要求，也是党的领导制度体系和中国特色社会主义制度体系有机衔接的重要基础。

第三，从组织层面来看。《决定》指出，就是要"坚持新时代党的组织路线，健全党管干部、选贤任能制度"。[2] 组织层面涉

---

[1] 《中共中央关于坚持和完善中国特色社会主义制度　推进国家治理体系和治理能力现代化若干重大问题的决定》，人民出版社，2019年，第9页。
[2] 同上。

及党的建设的两个重要方面：一是全面加强党的组织体系建设，即完善党的组织体系和组织设置，尤其是加强党的基层组织建设，把企业、农村、机关、学校、科研院所、街道社区、社会组织等基层党组织建设成为宣传党的主张、贯彻党的决定、领导基层治理、团结动员群众、推动改革发展的坚强战斗堡垒。二是全面加强党的干部队伍和党员队伍建设。党的干部是党和国家事业的中坚力量，广大党员是党组织活力和战斗力的来源，全面加强党的干部队伍和党员队伍建设，就是要打造一支忠诚干净担当的高素质专业化干部队伍，培养讲政治、有信念，讲规矩、有纪律，讲道德、有品行，讲奉献、有作为的合格党员。

第四，从纪律层面来看。《决定》指出，就是要"规范党内政治生活，严明政治纪律和政治规矩，重点强化政治纪律和组织纪律，带动廉洁纪律、群众纪律、工作纪律、生活纪律严起来。就是要发展积极健康的党内政治文化，全面净化党内政治生态"。[①] 坚持以上率下，巩固拓展落实中央八项规定精神成果，继续整治"四风"问题，坚决反对特权思想和特权现象。就是要完善和落实全面从严治党责任制度，让党员、干部知敬畏、存戒惧、守底线，让人民监督权力，让权力在阳光下运行，把权力关进制度的笼子。

七、结语

坚持和完善党的领导制度体系，就是要建立不忘初心、牢

[①]《中共中央关于坚持和完善中国特色社会主义制度　推进国家治理体系和治理能力现代化若干重大问题的决定》，人民出版社，2019年，第9页。

记使命的制度,完善坚定维护党中央权威和集中统一领导的各项制度,健全党的全面领导制度和执政制度,完善全面从严治党制度。这一系列制度共同构成党的领导制度的内涵,是党的领导实践的制度基础。党的领导制度体系的实践维度和党的领导的历史、理论维度是内在统一的。首先,党的领导的历史维度决定了党的领导制度体系其基本的价值前提是以人民为中心,党的自我建设要强化党同人民群众的联系,党的全面领导和治国理政也是为了人民的根本利益。其次,党的领导的理论维度决定了党的领导制度体系在整个中国特色社会主义制度体系中的关键地位,党的领导制度体系的建设也成为中国特色社会主义制度体系建设的首要方面。最后,党的领导制度体系的实践、改革和发展是党的领导发挥作用、发挥功能的基础。因此,我们要从历史、理论和实践的维度系统地理解和认识党的领导制度体系,并在这一视野下,不断建设和完善党的领导制度体系。

最后,要强调的是党的领导是"中国之治"的奥妙之所在。这个奥妙是什么？概括起来就是"统揽全局、协调各方"。现代社会的发展伴随着社会主体的多元化和社会诉求的多样性,现代社会的各类系统日益复杂和精细化。中国在实现现代化的道路上,如果不能有效地应对现代社会的多元化挑战,即在保留多元社会创造性优势的同时,保证现代社会的有机整合,那么中国社会就可能再次陷入现代社会条件下的"一盘散沙"状态。在中国实现现代化,建构现代文明形态,实现中华民族伟大复兴中国梦的过程中,正是党的领导从价值、制度和组织上成为保证中国社会实现有机统一和有机整合。正是党的领导保证了中国团结起来,保证了努力发展的初心,保证了民族复兴的初心,成为中华民族承前启后、继往开来历史征程上的最大保证。因此,健全和完善党的领导制度体系也是中国实现现代化和民族复兴的关键举措。

第三讲

人民民主

党的十九届四中全会确立了中国特色社会主义制度的"四梁八柱",在上文中,我们已经讨论了这一"四梁八柱"的基本布局和作为核心部分的党的领导制度体系,在接下来的部分我们将会继续讨论党领导下的中国特色社会主义政治制度的基本内容。党的十九届四中全会主要从三个维度确立了中国特色社会主义政治制度的基本内涵,即人民当家作主制度体系、中国特色社会主义法治体系和中国特色社会主义行政体制。这三个制度体系各自都指向中国特色社会主义政治发展的一个重要方面,共同构成了中国特色社会主义政治发展的基本规定和制度基础。这其中,人民当家作主的制度体系又处于更为关键的位置,因为这一制度体系从根本上规定了我国政治制度的基本原则和性质,明确了我国政治制度的价值导向和政权性质。

一、 人民当家作主与中国特色社会主义民主政治

　　在任何国家、任何社会以及任何时期,对于国家权力和政治制度性质界定的最重要原则都是要从其领导阶级出发。国家权力由谁掌握?公共权力为谁服务?这些事关国家权力和政治制度性质的关键问题都取决于领导阶级的性质。中国共产党领导人民建立了新中国以后,就确立了工人阶级领导的、以工农联盟为基础的人民民主专政的社会主义国家。在我国,人民处于主体地位,宪法明确规定,中华人民共和国的一切权力属于人民。作为中国特色社会主义事业领导核心的中国共产党也始终坚持以人民为中心的原则,始终坚持与人民同呼吸、共命运、心连心,

始终把人民对美好生活的向往作为奋斗目标。这决定了中国特色社会主义政治制度的根本原则必然是以人民为中心，这一根本原则的重要制度基础就是人民当家作主的制度体系。

在以人民为中心原则的指导下，国家发展和政治制度的完善，就必须非常强调人民意志的表达和实现，人民权利的尊重和保障，人民智慧的汇聚和发挥，人民创造力的促进和运用。保证上述任务的实现是人民当家作主的制度体系的基本任务。对于当代中国而言，也只有保证上述任务的实现，才能够真正推进中国特色社会主义事业的整体发展，才能真正做到"不忘初心、牢记使命"。

在理解人民当家作主的制度体系的价值内涵和基本任务的基础上，我们还需要进一步理解人民当家作主的制度体系所指向的现代政治形态，即中国特色社会主义民主政治。党的十九大强调，"世界上没有完全相同的政治制度模式，政治制度不能脱离特定社会政治条件和历史文化传统来抽象评判"[①]，确定一种政治制度、一种政治形态是否适合一个国家必须坚持实事求是的标准。中国特色社会主义政治发展道路，是近代以来中国人民长期奋斗历史逻辑、理论逻辑、实践逻辑的必然结果，中国特色社会主义民主政治是中国特色社会主义政治发展道路最重要成果之一，是我们必须长期坚持和完善的政治形态。

中国特色社会主义民主政治是党的领导、人民当家作主、依法治国有机统一。党的领导是人民当家作主和依法治国的根本

[①] 《决胜全面建成小康社会　夺取新时代中国特色社会主义伟大胜利——在中国共产党第十九次全国代表大会上的报告》，人民出版社，2017年，第36页。

保证,人民当家作主是社会主义民主政治的本质特征,依法治国是党领导人民治理国家的基本方式,三者统一于我国社会主义民主政治伟大实践。坚持人民当家作主,就是要扩大人民有序政治参与,保证人民依法实行民主选举、民主协商、民主决策、民主管理、民主监督。要实现人民的上述职能就需要建立相应的制度保障,即建立以人民为中心的,为人民服务的,统一于中国特色社会主义民主政治的人民当家作主制度体系,并通过不断坚持和完善这一制度体系,发展社会主义民主政治。

二、人民当家作主制度体系的逻辑与空间

人民当家作主制度体系应当包括那些基本的方面呢?这就需要我们从现代公共事务的基本空间中去理解。随着现代社会的不断发展,现代公共事务的基本空间包括政党空间、国家空间、政治空间和社会空间等。坚持人民当家作主就是要保证人民在国家空间、政治空间和社会空间中都充分行使当家作主的权力,并使这种当家作主权力的行使和政党空间中党的领导有机统一,共同推进治国理政的发展。

所谓国家空间指的是以宪法为基础形成的国家权力有效运行的制度性空间。国家空间中的行为主体主要为代表现代国家权力的公共部门和机构。国家空间中公共事务的性质和组织主体的类别主要可以区分为权力机关、行政机关和司法机关等。在国家空间中保证人民当家作主的权力,主要是要保证人民成为掌握国家权力机关的主体,保证人民成为国家权力机关的权力来源。落实到人民当家作主的制度体系中,就是要健全和完善人民掌握国家权力的制度体系。

所谓政治空间指的是政党、国家、社会的互动关系所形成的公共空间。政治空间中的行为主要表现为,不同政治主体和行为主体围绕公共事务所发生的权力互动和事务协作。随着现代社会的发展,多元社会和复杂社会的特征日益显著,代表政党、国家和社会的行为主体通常无法单独实现某项公共事务的解决,或者单独推动某项公共事务的发展。因此,在现实的政治过程中,经常需要不同性质的行为主体进行公共事务协作,从而推动公共事务更好地发展。在政治空间中保证人民当家作主,就是要使人民的意志成为决定不同主体围绕公共事务产生互动和协作的关键因素,同时,要保障人民参与公共事务协作过程中的权力。落实到人民当家作主制度体系上,就是要通过制度的手段,保证围绕公共事务的政治关系和协作充分尊重人民的意志,并保证人民的积极参与。

所谓社会空间指的是人民在社会层面围绕公共事务产生的关系空间。社会空间中的行为主体和公共事务,我们可以从两个基本维度去理解。一是横向的社会分布维度。横向的社会分布主要是由社会在客观上的地理空间区隔和差异造成的。二是纵向的作为社会基础的基层社会,基层社会是社会空间最主要的场域。在社会空间中保证人民当家作主的权力,就是要保证不同地域的人民和处在基层的人民也能充分行使当家作主的权力,也能参与到治国理政的过程中来。落实到人民当家作主的制度体系中,就是要建立保障不同地区和基层社会人民行使当家作主权力的制度体系。

在党的领导下,人民当家作主在不同公共事务空间中的实现形式以制度化的方式确定下来,就形成了人民当家作主的制度体系。这也是党的十九届四中全会确立的人民当家作主制度体系基本内容的内在逻辑。我们应当如何理解处在不同公共事务空间中的人民当家作主制度之间的关系呢？一方面，由于不同空间中行为主体和公共事务性质有所差异，所以人民当家作主制度在不同空间中也呈现为不同的形式，承担不同的功能，发挥不同的作用。另一方面，虽然不同空间中的人民当家作主制度有所差异，但其都受到党的领导，都受到社会主义性质的规定，共同构成了人民当家作主制度体系，体现了人民当家作主的地位和我国的社会主义性质。人民群众在人民当家作主上的实践就构成了中国特色社会主义民主政治的生动实践，不断地健全和完善人民当家作主制度，就是在推进中国特色社会主义民主政治的发展。

三、在国家空间中坚持和完善人民当家作主制度体系

理清人民当家作主制度体系的理论逻辑后，我们就可以更为清晰地理解党的十九届四中全会对人民当家作主制度体系的布局和要求。首先，我们进入国家空间，看人民当家作主制度体系在我国当前的国家空间中是如何健全和完善的。国家空间内保证人民当家作主的最重要的制度形式就是作为我国根本政治制度的人民代表大会制度，人民行使国家权力的机关是全国人民代表大会和地方各级人民代表大会（以下简称人大）。我们可以从四个层面去认识国家空间内保证人民民主的人民代表大会制度：一是权力来源于人民；二是权力受人民监督；三是行使权力要保证人民参与；四是不断健全权力机关运行的制度机制。

第一,从权力来源于人民的层面来看。《决定》指出,要"支持和保证人民通过人民代表大会行使国家权力,保证各级人大都由民主选举产生、对人民负责、受人民监督"。① 各级人大由人民选举产生,人民的支持是国家权力机关行使权力的基础和前提。选举产生的人大代表也必须尊重和贯彻人民群众的意志,服务于人民群众的切实需求。

第二,从权力受人民监督的层面来看。《决定》指出,要"保证各级国家机关都由人大产生、对人大负责、受人大监督。支持和保证人大及其常委会依法行使职权,健全人大对'一府一委两院'监督制度"。② 人民监督国家公共权力的行使和运行,最主要的方式就是要通过人民选举产生的权力机关来实现,各级人大对各级国家机关的监督是实现人民监督的最重要形式。

第三,从行使权力要保证人民参与的层面来看。《决定》指出,要"密切人大代表同人民群众的联系,健全代表联络机制,更好发挥人大代表作用"。③ 人民选举产生人大代表后,人大代表也必须坚持群众路线,在履职过程中积极联系人民群众,支持和保障人民群众参与公共事务的权利。

第四,从不断健全权力机关运行的制度机制的层面来看。《决定》指出,要"健全人大组织制度、选举制度和议事规则,完善论证、评估、评议、听证制度。适当增加基层人大代表数量。加强地方人大及其常委会建设"④,即不断推进人民代表大会制度

---

① 《中共中央关于坚持和完善中国特色社会主义制度 推进国家治理体系和治理能力现代化若干重大问题的决定》,人民出版社,2019年,第10页。
② 同上。
③ 同上书,第11页。
④ 同上。

自身的制度建设,完善制度运行的方式和机制,更好地保证人民当家作主权力的行使。

四、在政治空间中坚持和完善人民当家作主制度体系

接下来让我们继续讨论政治空间中实现人民当家作主的制度形式。在我国的政治空间中,最重要的政治互动主要围绕政治协商和统一战线而展开。党的十九届四中全会针对政治空间中的这两种互动,分别明确了坚持和完善中国共产党领导的多党合作和政治协商制度以及巩固和发展最广泛的爱国统一战线的制度形式。两者的共同点都是在党的领导下实现和运行的,因为只有党的领导才能保证这一制度形式符合人民群众的根本利益。

我们可以从四个层面来理解党的十九届四中全会对中国共产党领导的多党合作和政治协商制度的布局和要求:一是制度原则;二是制度运行;三是组织完善;四是制度优势。

第一,从制度原则的层面来看。《决定》指出,要"贯彻长期共存、互相监督、肝胆相照、荣辱与共的方针"。[①] 明确中国共产党领导的多党合作和政治协商制度的基本原则是保证这一制度长期运行和发展的重要前提,也是明确其作为行使人民当家作主权力重要形式的有力保障。

第二,从制度运行的层面来看。《决定》指出,要"加强中

[①] 《中共中央关于坚持和完善中国特色社会主义制度 推进国家治理体系和治理能力现代化若干重大问题的决定》,人民出版社,2019年,第11页。

国特色社会主义政党制度建设,健全相互监督特别是中国共产党自觉接受监督、对重大决策部署贯彻落实情况实施专项监督等机制,完善民主党派中央直接向中共中央提出建议制度,完善支持民主党派和无党派人士履行职能方法,展现我国新型政党制度优势。发挥人民政协作为政治组织和民主形式的效能,提高政治协商、民主监督、参政议政水平,更好凝聚共识"。① 概而言之,就是一方面要保证作为执政党的中国共产党有效参与到这一制度中;另一方面,也要保障作为参政议政主体的其他政党和组织有序参与这一制度的运行过程中。

第三,从组织完善的层面来看。《决定》指出,要"完善人民政协专门协商机构制度,丰富协商形式,健全协商规则,优化界别设置,健全发扬民主和增进团结相互贯通、建言资政和凝聚共识双向发力的程序机制"。② 人民政协专门协商机构是这一制度有效运行的关键组织基础,必须不断完善和夯实这一组织基础,才能保障这一制度的更好运行。

第四,从制度优势的层面来看。中国共产党领导的多党合作和政治协商制度是我国社会主义协商民主的重要实现形式。《决定》指出,我们要在"坚持和完善这一制度的基础上,坚持和发挥好社会主义协商民主的独特优势,统筹推进政党协商、人大协商、政府协商、政协协商、人民团体协商、基层协商以及社会组织协商,构建程序合理、环节完整的协商民主体系,完善协商于

---

① 《中共中央关于坚持和完善中国特色社会主义制度 推进国家治理体系和治理能力现代化若干重大问题的决定》,人民出版社,2019年,第11页。
② 同上。

决策之前和决策实施之中的落实机制,丰富有事好商量、众人的事情由众人商量的制度化实践"。①

我国是一个多民族的国家,同时我国和平统一的历史任务尚未完全完成,因此,如何在不断推进国家发展的过程中,兼顾好各民族、各宗教、港澳台同胞和海外华人在发展过程中的诉求,如何团结好、发挥好人民群众的作用,充分调动广大人民群众参与中国特色社会主义事业和中华民族伟大复兴中国梦的积极性,就成为一个事关我国各项事业发展大局的重要问题。

十九届四中全会针对这一问题,明确了巩固和发展最广泛的爱国统一战线的制度要求。《决定》指出,要"坚持大统战工作格局,坚持一致性和多样性统一,完善照顾同盟者利益政策,做好民族工作和宗教工作,健全党外代表人士队伍建设制度,凝聚港澳同胞、台湾同胞、海外侨胞力量,谋求最大公约数,画出最大同心圆,促进政党关系、民族关系、宗教关系、阶层关系、海内外同胞关系和谐"。②

五、在社会空间中坚持和完善人民当家作主制度体系

社会空间中的两个基本的制度维度我们在之前的理论分析中已经涉及。由于民族区域自治制度不仅涉及社会空间,还涉及国家空间和政治空间,同时又由于这一制度在多民族社会主

---

① 《中共中央关于坚持和完善中国特色社会主义制度 推进国家治理体系和治理能力现代化若干重大问题的决定》,人民出版社,2019年,第11—12页。
② 同上书,第12页。

义国家的特殊重要性,随后我们将对这一制度进行专门的讨论和分析。在这一部分我们主要将关注点放到人民在基层社会行使当家作主权力的制度形式上,即健全充满活力的基层群众自治制度。对于这一制度,党的十九届四中全会主要从两个层面进行了要求和明确。一是健全基层党组织领导的基层群众自治机制;二是健全以职工代表大会为基本形式的企事业单位民主管理制度。

第一,从健全基层党组织领导的基层群众自治机制的层面来看,基层党组织领导的基层群众自治机制面向基层社区公共事务的解决、协调和应对,是人民群众参与基层治理的制度化渠道。这就是说,在基层社区的空间之内,要推动人民围绕与自己密切相关的利益和事务进行公共参与,就需要健全基层党组织领导的基层群众自治机制。人民当家作主,人民最了解身边的具体情况,可以充分发挥他们的积极性和主观能动性,推动基层治理的发展。

第二,从健全以职工代表大会为基本形式的企事业单位民主管理制度的层面来看,要在基层企事业单位中,"探索企业职工参与管理的有效方式,保障职工群众的知情权、参与权、表达权、监督权,维护职工合法权益"。[①] 在企事业单位中,人民当家作主的具体实现形式就是职工代表大会。单位内部的职工群众可以通过职工代表大会,参与单位管理、表达个人诉求、进行利益协商,由此行使人民在基层单位中当家作主的权力。

---

① 《中共中央关于坚持和完善中国特色社会主义制度 推进国家治理体系和治理能力现代化若干重大问题的决定》,人民出版社,2019年,第13页。

六、作为人民当家作主制度体系重要组成部分的民族区域自治制度

一种特殊的实现人民当家作主的制度形式是民族区域自治制度。这一制度在国家空间、政治空间和社会空间中都有所呈现。从国家空间来看,民族区域自治制度是宪法规定的我国基本政治制度之一,是单一制国家在民族地区的制度创新,是对现代国家权力结构实现形式的一种制度创新。从政治空间来看,民族区域自治制度是团结和领导民族地区广大人民群众的重要制度形式。从社会空间来看,民族区域自治制度落实到民族地区的治理实践中,就是为了更好地兼顾民族地区公共事务的特殊性,更好地促进民族地区的发展。总而言之,民族区域自治制度在不同空间的功能,最终都指向中华民族的团结统一和促进民族地区的长期发展。我们可以从四个层面来理解十九届四中全会明确的民族区域自治制度:一是制度原则;二是民族关系;三是民族观念;四是民族地区发展。

第一,从制度原则的层面来看。《决定》指出,要"坚定不移走中国特色解决民族问题的正确道路,坚持各民族一律平等,坚持各民族共同团结奋斗、共同繁荣发展"。①

第二,从民族关系的层面来看。《决定》指出,要"保证民族自治地方依法行使自治权,保障少数民族合法权益,巩固和发展平等团结互助和谐的社会主义民族关系"。②

---

① 《中共中央关于坚持和完善中国特色社会主义制度 推进国家治理体系和治理能力现代化若干重大问题的决定》,人民出版社,2019年,第12页。
② 同上。

第三,从民族观念的层面来看。《决定》指出,要"坚持不懈开展马克思主义祖国观、民族观、文化观、历史观宣传教育,打牢中华民族共同体思想基础。全面深入持久开展民族团结进步创建,加强各民族交往交流交融"。①

第四,从民族地区发展的层面来看。《决定》指出,要"支持和帮助民族地区加快发展,不断提高各族群众生活水平"。②

七、结语

综上所述,可以发现中国特色社会主义民主政治的特征:它不是单一的民主实现形式,也不是在单个空间内的民主实现方式,而是在多空间、多维度之内保证人民当家作主的政治形态。这一政治形态的形成具有中国特色,是中国历史逻辑、政治理论逻辑和政治实践逻辑共同作用的产物,我们要倍加珍惜这一政治形态。这一政治形态的制度基础就是人民当家作主的制度体系,坚持和完善人民当家作主制度体系,就是在发展社会主义民主政治。

---

① 《中共中央关于坚持和完善中国特色社会主义制度 推进国家治理体系和治理能力现代化若干重大问题的决定》,人民出版社,2019年,第12页。
② 同上。

第四讲

依法治国

依法治国是坚持和发展中国特色社会主义的本质要求和重要保障,是实现国家治理体系和治理能力现代化的必然要求。全面推进依法治国是关系我们党执政兴国、关系人民幸福安康、关系党和国家长治久安的重大战略问题,是完善和发展中国特色社会主义制度、推进国家治理体系和治理能力现代化的重要方面。党的十九届四中全会将坚持和完善中国特色社会主义法治体系确定为中国特色社会主义制度和国家治理体系"四梁八柱"的重要组成部分,对于落实依法治国基本方略,加快建设社会主义法治国家具有重要意义。

一、 依法治国、国家建设与现代文明发展

要深刻理解党的十九届四中全会关于坚持和完善中国特色社会主义法治体系的部署和要求,首先要理解依法治国与国家建设和现代文明发展之间的内在关系。国家产生,尤其是现代国家出现以后,必须对超大规模或较大规模的社会进行有效管理和组织,这当然需要相应的国家机构,但更需要约束国家内各组织主体和个人的"规矩"。国家范围内公共事务的日益复杂,使得任何单独的组织机构都无法完全承担对社会的有效管理和组织。正所谓,没有规矩,不成方圆。这种"规矩"就是我们所熟知的法律,只有建立这种"规矩",形成法治秩序,才能够在最大程度上为国家中所有组织主体和社会成员提供行为的必要约束和可靠预期,才能保证国家发展的基本秩序和底线。正所谓,"国无常强,无常弱。奉法者强则国强,奉法者弱则国弱"。

进入现代社会以后,依法治国就已经不仅仅是以法律作为根据,约束国家内组织主体和个人的行为了,而是要让整个现代国家在法治的基础上运行。随着现代国家和现代社会的日益发展,依法治国也日益成为保证社会秩序和国家稳定繁荣的关键所在,成为一个国家达成善治的必要条件。在现代文明发展过程中,一种共识逐渐形成,那就是哪个国家坚持法治,其现代文明发展的水平、文明形态的内在有机性就会更好。因为,现代社会是一个日益多元化的社会,要将这一多元社会有效组织起来,实现多元社会的有机统一,就离不开法治秩序提供的制度化安排和保障。因此,坚持和完善中国特色社会主义法治体系对于我国国家治理体系和治理能力现代化建设和现代文明形态的建构都具有非常重要的意义。

二、党领导人民进行社会主义法治建设的历史

党领导人民建立了新中国,确立了社会主义国家制度。但是对于新生的社会主义国家而言,如何在中国实践社会主义、如何建设一个社会主义国家,这些基本问题都没有现成的答案,只能靠党领导人民去不断探索和实践。党领导人民进行社会主义国家建设的探索和实践,也伴随着对社会主义法治建设的探索和实践。1954年,社会主义新中国成立后不久,党即领导人民制定了首部《中华人民共和国宪法》,在之后社会主义国家建设探索过程中,我们在社会主义法治建设上也遇到了一些挫折。"党的十一届三中全会以来,我们党深刻总结我国社会主义法治建设的成功经验和深刻教训,提出为了保障人民民主,必须加强法治,必须使民主制度化、法律化,把依法治国确定为党领导人

民治理国家的基本方略,把依法执政确定为党治国理政的基本方式,积极建设社会主义法治,取得历史性成就。"①

在党的十四大明确提出了建立社会主义市场经济体制的改革目标后,社会主义法治建设的重要性进一步凸显。在社会主义市场经济的建设和发展过程中,我们越来越需要社会主义法治,在日益多元的社会主义市场主体中,构建契约化和法治化的关系,将社会主义市场经济有效组织起来,并保证社会主义市场经济运行的活力和效率。在这一背景下,党领导人民积极建设社会主义法治,取得历史性成就。

党的十五大提出依法治国、建设社会主义法治国家,强调依法治国是党领导人民治理国家的基本方略,是发展社会主义市场经济的客观需要,是社会文明进步的重要标志,是国家长治久安的重要保障。党的十六大提出,发展社会主义民主政治,最根本的是要把坚持党的领导、人民当家作主和依法治国有机统一起来。党的十七大提出,依法治国是社会主义民主政治的基本要求,强调要全面落实依法治国基本方略,加快建设社会主义法治国家。党的十八大强调,要更加注重发挥法治在国家治理和社会管理中的重要作用。

随着社会主义现代化建设的进一步推进,政党、国家、社会和市场要素逐步生成。在新时代的条件下,如何将社会主义现代化建设的基本要素有机整合起来,并促进要素功能充分发展,推动社会主义现代化建设和中国特色现代文明形态建构,实现

---

① 《中共中央关于全面推进依法治国若干重大问题的决定》(2014 年 10 月 23 日),中共中央党校,http://www.ccps.gov.cn/xytt/201812/t20181212_123256.shtml,最后浏览日期: 2020 年 5 月 25 日。

从基本要素生成阶段向整体形态发展阶段的跃升，成为党治国理政的关键命题。为此，党的十八届三中全会提出，全面深化改革的总目标是完善和发展中国特色社会主义制度，推进国家治理体系和治理能力现代化，并对全面深化改革的若干重大问题进行了系统部署。我们要实现党的十八大和十八届三中全会作出的一系列战略部署，将这些重要的发展和改革成果以法治方式巩固下来，就必须在全面推进依法治国上作出总体部署、采取切实措施、迈出坚实步伐。基于此，党的十八届四中全会重点研究全面推进依法治国问题并作出决定。

党的十九大的召开标志着中国特色社会主义进入新时代，也标志着中国特色现代文明形态建构正式进入整体形态发展的历史阶段。将党领导人民进行的一系列重大建设和改革成果在制度和实践层面落实、巩固下来，就成为新时代中国特色社会主义建设的一项重要任务。党的十九届四中全会正是呼应了这一重要任务，是对中国特色社会主义制度建设成果和国家治理体系和治理能力现代化建设成果的一次整体总结和定型。作为中国特色社会主义建设重要组成部分的社会主义法治建设，自然也是党的十九届四中全会以制度化方式整体总结和定型的重要方面。基于此，党的十九届四中全会提出，坚持和完善中国特色社会主义法治体系，提高党依法治国、依法执政能力。

三、健全保证宪法全面实施的体制机制

坚持和完善中国特色社会主义法治体系，既是中国特色社会主义事业发展的一种内在需要，也是党治国理政的一种内在需要。中国特色社会主义法律体系是依法治国的重要根据和基

础。宪法是党和人民意志的集中体现,是通过科学民主程序形成的根本法,是中国特色社会主义法律体系的核心。全面推进科学立法、严格执法、公正司法、全民守法必须在宪法的规定下进行,推进法治中国建设首先就要健全保证宪法全面实施的体制机制。党的十九届四中全会从两个层面对健全保证宪法全面实施的体制机制进行了部署和要求:一是尊重宪法权威;二是保障宪法实施和监督。

第一,从尊重宪法权威的层面来看,就是要坚持依宪治国和依宪执政,在党治国理政的过程中,充分尊重宪法权威。全国各族人民、一切国家机关和武装力量、各政党和各社会团体、各企业事业组织,都必须以宪法为根本的活动准则,一切违反宪法法律的行为都必须予以追究。

第二,从保障宪法实施和监督的层面来看,《决定》指出,要"加强宪法实施和监督,落实宪法解释程序机制,推进合宪性审查工作,加强备案审查制度和能力建设,依法撤销和纠正违宪违法的规范性文件"。[①]

四、完善立法体制机制

在健全保证宪法全面实施的体制机制推进的过程中,一个很重要的任务就是根据宪法完成相关的立法工作。宪法的作用和功能也需要适时跟进相关的立法工作才能得以发挥。在党的领导下,深入推进科学立法、民主立法,是完善中国特色社会主

[①] 《中共中央关于坚持和完善中国特色社会主义制度 推进国家治理体系和治理能力现代化若干重大问题的决定》,人民出版社,2019年,第14页。

义法律体系的基本途径。党的十九届四中全会从三个层面对完善立法体制机制作出部署和要求：一是立法原则；二是立法体制；三是加强重点领域立法。

第一，从立法原则层面来看。《决定》指出，要"坚持科学立法、民主立法、依法立法"。① 科学立法关键是要保证立法符合社会发展的实际需要和现实情况，民主立法关键是要保证立法符合人民群众的根本利益，依法立法关键是要保证立法不与中国特色社会主义法律体系产生内在冲突。科学立法、民主立法和依法立法有机统一、共同指导中国特色社会主义法律体系的完善过程。

第二，从立法体制层面来看。《决定》指出，要"完善党委领导、人大主导、政府依托、各方参与的立法工作格局，立改废释并举，不断提高立法质量和效率"。② 党委领导就是要加强党对立法工作的领导，完善党对立法工作中重大问题决策的程序。人大主导就是要健全有立法权的人大主导立法工作的体制机制，发挥人大及其常委会在立法工作中的主导作用。政府依托就是要加强和改进政府立法制度建设，完善行政法规、规章制定程序。各方参与就是要完善公众参与政府立法机制，充分保障立法符合人民群众的根本利益。立法体制是社会主义立法原则指导下开展立法工作的基础。

第三，从加强重点领域立法层面来看。《决定》指出，要"完善以宪法为核心的中国特色社会主义法律体系，加强重要领域

---

① 《中共中央关于坚持和完善中国特色社会主义制度　推进国家治理体系和治理能力现代化若干重大问题的决定》，人民出版社，2019年，第14页。
② 同上。

立法,加快我国法域外适用的法律体系建设,以良法保障善治"。① 重点领域立法工作应当与中国特色社会主义事业建设不同阶段的内在需求相关联,与不同阶段人民群众的切实需求相关联。

五、 健全社会公平正义法治保障制度

完成立法工作后,执法部门就必须执法,司法部门就必然产生司法过程,各个组织和个人就必须守法。但在党的领导和社会主义原则指导下,无论是立法、执法、司法和守法,都必须坚持以人民为中心的原则,都不能违背人民群众的根本利益,都必须保障人民群众的公平正义。在中国特色社会主义法治建设过程中,必须坚持法治建设为了人民、依靠人民,加强人权法治保障,保证人民依法享有广泛的权利和自由、承担应尽的义务。党的十九届四中全会从守法、执法和司法三个层面对健全社会公平正义法治保障制度作出了部署和要求。

第一,从守法层面来看,《决定》指出,要"引导全体人民做社会主义法治的忠实崇尚者、自觉遵守者、坚定捍卫者"。② 守法不仅是依法治国的群众基础,更是对立法工作的根本检验。

第二,从执法层面来看,《决定》指出,要"坚持有法必依、执法必严、违法必究,严格规范公正文明执法,规范执法自由裁量权,加大关系群众切身利益的重点领域执法力度"。③ 只有在执

---

① 《中共中央关于坚持和完善中国特色社会主义制度 推进国家治理体系和治理能力现代化若干重大问题的决定》,人民出版社,2019年,第14页。
② 同上。
③ 同上书,第14—15页。

法过程中坚持社会主义法治原则,严格规范公正文明执法,才能使中国特色社会主义法律体系成为人民公平正义的保障,坚决杜绝由于执法不当给人民群众带来伤害和损失。

第三,从司法层面来看,《决定》指出,要"深化司法体制综合配套改革,完善审判制度、检察制度,全面落实司法责任制,完善律师制度,加强对司法活动的监督,确保司法公正高效权威,努力让人民群众在每一个司法案件中感受到公平正义"。[①]

从广义上来说,党的十九届四中全会围绕守法、执法和司法三个维度,对整个中国特色社会主义事业建设过程进行了一系列制度性安排,确定了依法治国的制度性框架。依法治国的制度体系是中国特色社会主义事业建设的重要成果,必须长期坚持、发展和创新。

六、加强对法律实施的监督

在立法、执法、司法和守法的过程中,即在中国特色社会主义法治的建设和运行过程中,必然始终涉及公共权力的参与。这些公共权力也必须得到有效的监督,才能保证依法治国、依法执政的实践,否则失去监督的权力可能会破坏中国特色社会主义法治秩序,会损害人民群众的根本利益。因此,党的十九届四中全会从四个层面对加强对法律实施的监督作出了部署和要求:一是依法正确行使行政权、执法权和司法权;二是完善司法过程;三是夯实依法治国群众基础;四是依法领导。

[①] 《中共中央关于坚持和完善中国特色社会主义制度 推进国家治理体系和治理能力现代化若干重大问题的决定》,人民出版社,2019年,第15页。

第一,从依法正确行使行政权、执法权和司法权层面来看。《决定》指出,"要保证行政权、监察权、审判权、检察权得到依法正确行使,保证公民、法人和其他组织合法权益得到切实保障,坚决排除对执法司法活动的干预"。① 行政权本身就是一种强有力的公共权力,如果行政权力不受法律的约束,就可能会损害人民群众的利益。执法权和司法权既是法律实施过程中的关键要素,也是一种十分重要的公共权力。只有保证依法行使行政权、执法权和司法权,尤其是坚决排除各种司法干预,才能让中国特色社会主义法律体系得到有效实施,成为人民群众利益和公平正义的保障。

第二,从完善司法过程层面来看,《决定》指出,一方面,要在司法过程中对弱势群体进行必要的支持,"拓展公益诉讼案件范围"②;另一方面,要在司法过程中"加大对严重违法行为处罚力度,实行惩罚性赔偿制度,严格刑事责任追究,对违法犯罪行为形成警示"。③

第三,从夯实依法治国群众基础层面来看,《决定》指出,要"加大全民普法工作力度,增强全民法治观念,完善公共法律服务体系,夯实依法治国群众基础"。④ 只有人民群众都知法、懂法,才能真正守法。针对人民群众对于法律中不了解、不理解的地方,相关的法律工作者要做好宣传、解释工作。

第四,从依法领导层面来看,习近平总书记曾经强调,党的

---

① 《中共中央关于坚持和完善中国特色社会主义制度 推进国家治理体系和治理能力现代化若干重大问题的决定》,人民出版社,2019年,第15页。
② 同上。
③ 同上。
④ 同上。

工作、干部工作必须抓住关键的少数人。在依法治国和依法执政的过程中,这种关键少数人就指的是在相应的权力空间中处于关键节点的干部。《决定》指出,"各级党和国家机关以及领导干部要带头尊法学法守法用法,提高运用法治思维和法治方式深化改革、推动发展、化解矛盾、维护稳定、应对风险的能力"。[①]领导干部带头尊法学法守法用法,能够在社会中产生良好的示范效应,对于建设法治中国具有重要意义。

七、 结语

党的十九届四中全会从宪法、立法、执法、司法、普法的各个维度对坚持和完善中国特色社会主义法治体系,提高党依法治国、依法执政能力,作出了重要的部署,明确了中国特色社会主义法治的制度形态。在这里,我们将再补充讨论与完善中国特色社会主义法治体系密切相关的完善党内法规体系的问题。

在党的十八届四中全会上就已经明确提出,在推动全面依法治国的同时,要推动党内法规体系和国家法律体系有机衔接。中国共产党作为执政党,在党的领导下依法治国、依法执政的过程中,如果党自身的建设和国家的法治建设不能有机衔接,就可能带来许多冲突和矛盾。因此,在党的十九届四中全会上也提出了深化党的建设制度改革,坚持依规治党的要求。

在依法治国、依法执政的过程中,一方面,党必须不断完善党内法规体系,只有以党内法规体系为依据,才能够有效推进党

[①] 《中共中央关于坚持和完善中国特色社会主义制度 推进国家治理体系和治理能力现代化若干重大问题的决定》,人民出版社,2019 年,第 15 页。

的自我建设,而后才能切实领导中国特色社会主义法治建设。另一方面,党必须不断推动党内法规体系与国家法律体系的有机衔接,而后才能有效领导中国特色社会主义法治建设。党内法规体系建设与中国特色社会主义法律体系之间的这种关系是中国特色社会主义法治的重要特征。

综上所述,中国特色社会主义法治体系的建设,是中国特色社会主义发展到一定阶段的内在需求,也是中国特色社会主义事业发展的历史逻辑的必然。党的十九届四中全会确定了中国特色社会主义法治体系建设的"四梁八柱",明确了中国特色社会主义法治建设的制度基础,必将大大提升依法治国、依法执政的水平。依法治国、依法执政本身就是国家治理现代化的重要维度,因此,坚持和完善中国特色社会主义法治体系,尤其是明确其制度形态,对于促进国家治理体系和治理能力现代化具有重要意义。

第五讲

优化政府

本讲关注的主题是政治建设，重点在于政府优化的问题。党的十九届四中全会在《决定》中提出要"坚持和完善中国特色社会主义行政体制，构建职责明确、依法行政的政府治理体系"。① 那么中国特色社会主义行政体制具有什么样的特点，又应该如何去发展？政府治理体系的构建应该向什么方向发展，又需要采取什么样的举措来落实呢？

一、 关于国家、政府与行政管理关系的总体理解和认识

根据马克思主义国家观的观点，"国家不仅是阶级矛盾的产物，是统治阶级的工具，而且也是从社会分化出来的管理机构，它决定了国家内部职能是政治统治职能和社会管理职能的辩证统一"，"在国家与社会关系问题上，马克思主义的观点十分鲜明：国家不是从外部强加于社会的，而是社会发展的必然产物。"②国家的重要作用在于通过国家力量来管理社会，以实现各方面的关系的协调。"国家管理权力的出现，实际上是表明社会在分裂为各个阶级之后，在各种利益的作用下，已陷入了不可调和的阶级矛盾之中。在这样的情况下，社会就不得不依一种更为强大的力量以维持自身，于是国家管理权力应运而生。"③

---

① 《中共中央关于坚持和完善中国特色社会主义制度 推进国家治理体系和治理能力现代化若干重大问题的决定》，人民出版社，2019年，第15页。
② 王沪宁：《政治的逻辑——马克思主义政治学原理》，上海人民出版社，2004年，第131页。
③ 同上书，第135页。

国家管理社会的活动是通过行政管理来实现的。行政管理工作主要是由政府来履行的,这样政府就成为履行行政管理的权威机构和组织,代表着公共权力。以政府为主体的行政管理是运用国家权力对经济和社会等事务的一种管理活动。古今中外的任何国家的运行都需要这种管理活动。当前,在社会主义的中国,在中国特色社会主义的条件之下,国家的行政管理是如何运行的?性质又是什么样的?《决定》明确指出,"国家行政管理承担着按照党和国家决策部署推动经济社会发展、管理社会事务、服务人民群众的重大职责。必须坚持一切行政机关为人民服务、对人民负责、受人民监督,创新行政方式,提高行政效能,建设人民满意的服务型政府"。[1] 这个表述对中国特色社会主义条件之下的行政管理体制的构建提出了一系列要求。

二、政府的内部、外部关系以及政府的权限、职能、机构

那么对此应该如何来理解?行政管理体系的内容是如何围绕上述要求进一步展开的?从理论上讲,考察政府以及行政管理体制的主要维度有两个方面:一是结构维度,二是机制维度。结构维度主要是指政府内部的关系以及政府与外部之间的关系;机制维度主要是指政府的权限、职能、机构之间的关系。

从结构维度来看,一方面是政府的内部关系,包括横向的各部门之间的关系和纵向的中央与地方各级政府之间的关系,这

---

[1]《中共中央关于坚持和完善中国特色社会主义制度 推进国家治理体系和治理能力现代化若干重大问题的决定》,人民出版社,2019年,第15—16页。

两种关系在不同的国家、不同的时期都不一样。另一方面是政府与外部的关系,在现代条件下,政府最重要的外部关系是与市场、社会之间的关系。

从机制维度来看,不管是政府内部关系还是政府与外部的关系,都需要政府建立相应的机制来具体实现各种关系的调节,以确保公共事务能够在一定的秩序下推进,这些机制总体上是由政府的权限、政府的职能和政府的机构构成的。政府的权限决定公共权力归谁所有和由谁来操作;政府的职能是在其权限的基础之上形成的责任义务和作为空间;确定了职能之后就要有相应的政府行政机构来履行其职能。

三、 新中国成立以来我国政府行政管理体制的变迁及其影响因素

与我国社会主义建设探索的阶段性发展相伴随,我国行政管理体制的变迁也同样受到了历史发展的阶段性任务以及不同时期的社会结构、政治结构、思想观念的影响。因此,我国的行政管理体制在计划经济时期、市场经济条件下和中国特色社会主义的新时代所表现的形态都是不太一样的,既体现了一定的延续性和继承性,也体现了明显的创新性和突破性。

第一,计划经济时期的政府行政管理体制。计划经济时期,我国政府行政管理体制强调以"集中"为原则,要求通过行政管制将社会整体有效地组织起来。在这种单位化体制之下就形成了权力和资源高度集中的"大政府",即从政府与社会的权限比较的角度来看,计划经济时期公共事务的管理权限更多地集中在政府的手里。也正是由于政府承担的职能很

多，所以当时政府部门的数量就很多。改革开放初期，我国整个国民经济处于恢复建设和发展时期。当时国务院机构数量达到近 100 个，有些部门副部长达到 20 多个。后来国务院机构进行了精简。由此可见，在计划经济体制之下政府的形态与市场经济条件之下政府的形态是有些差异的，也能看到现在的进步所在。

第二，市场经济条件下的政府行政管理体制。随着 1992 年中国特色社会主义市场经济体制的确立，社会的自主性和多样性发育起来，经济形态也展现出多样性，尤其是社会和市场中具有较强自主能动性的主体逐渐生成和丰富起来。这种多样性和多元性的经济社会发展状况，使社会的自我运行、经济的自我运行能力都大大提高。我国现代化建设的水平也因此得到了持续发展。在此过程中，政府的权限、职能、机构都必须根据经济社会的这一系列的变化而不断地进行调整。当然，作为对具体实践有重要影响的思想观念也必须随之跟上这一调整的过程，由此，党和政府对行政管理体系权限、职能、机构也有了新的理解和认识。

第三，中国特色社会主义进入新时代后的政府行政管理。随着中国特色社会主义市场经济的进一步发展，政党、国家、社会、市场四个要素也不断地得到发展，但是由于它们各自的功能还不够到位，彼此之间关系的有机化程度也还不够充分。因此，这就需要在党中央的领导下推进国家治理体系和治理能力现代化，根据新时代的要求对其中的行政管理体系进行规范和调整。这种调整就涉及了前述提到的结构和机制两个维度。

四、完善国家行政体制与推进行政权力的有效运行

《决定》就完善国家行政体制,提出要"以推进国家机构职能优化协同高效为着力点,优化行政决策、行政执行、行政组织、行政监督体制"。① 从这个角度看,完善国家行政体制需要优先解决权限问题,也就是通过解决政府各个部门之间以及政府与市场之间的权限问题来优化彼此之间的合作。

从优化行政决策体制的角度来看,《决定》中明确提出,要"健全部门协调配合机制,防止政出多门、政策效应相互抵消"。② 而前述这种现象在计划经济时期和改革开放进程中是政府行政运行过程中常见的问题,也就是所谓的"九龙治水",到底听谁的问题。十九届四中全会所提出的"坚持和完善中国特色社会主义行政体制,构建职责明确、依法行政的政府治理体系"③就是要解决这个问题。

从优化行政执行体制的角度来看,《决定》中实际上提出了行政执行过程中必须解决两方面问题。

一方面是要"深化行政执法体制改革,最大限度减少不必要的行政执法事项"。④ 这里面有两个要点必须要引起关注:一是政府有些不必要做的行政执法,可以在行政管理体系改革的过程中,将这些工作直接交给社会,并由社会来运作;二是政府有

---

① 《中共中央关于坚持和完善中国特色社会主义制度 推进国家治理体系和治理能力现代化若干重大问题的决定》,人民出版社,2019年,第16页。
② 同上。
③ 同上。
④ 同上。

些行政执法方式应该予以调整。

另一方面是要"进一步整合行政执法队伍,继续探索实行跨领域跨部门综合执法,推动执法重心下移,提高行政执法能力水平。落实行政执法责任制和责任追究制度"。① 所谓"九龙治水",除了"政出多门"之外,还存在执法队伍众多的问题,政府各方执法力量相互抵消,执法消耗的力量和资源也因此而增加,而执法的效果又不理想,在这种情况下如何解决这个问题？只有通过各方相关力量的整合来实现,即通过整合执法队伍实现综合执法,这就推动了行政执法工作的重心下移,提高了行政执法的能力水平。

从优化行政组织体制的角度来看,《决定》中明确提出,要"创新行政管理和服务方式,加快推进全国一体化政务服务平台建设,健全强有力的行政执行系统,提高政府执行力和公信力"。② 互联网的出现是革命性的,政府的很多事务都可以借助互联网技术来实现,而不需要科层制等其他方式来解决问题。

从优化行政监督体制的角度来看,《决定》中指出,必须"落实行政执法的责任制和责任追究制度"③,以此来督促和促进政府依法行政,提高行政工作实际发挥的效能。习近平总书记在谈到加强党对全面依法治国的领导时特别指出,"要推进严格执法,理顺执法体制,完善行政执法程序,全面落实行政执法责任制"。④

---

① 《中共中央关于坚持和完善中国特色社会主义制度　推进国家治理体系和治理能力现代化若干重大问题的决定》,人民出版社,2019年,第16页。
② 同上。
③ 同上。
④ 《习近平：加强党对全面依法治国的领导》(2019年2月15日),中国共产党新闻网,http://cpc.people.com.cn/n1/2019/0215/c64094－30704130.html,最后浏览日期：2020年5月25日。

五、优化政府职责体系

上述所谈的主要是从权限的角度探讨了一系列的政府行政工作优化的方向和要求。政府在明确了权限之后就要进一步解决职责的问题。《决定》中谈到优化政府职责体系时明确要求，要"完善政府经济调节、市场监管、社会管理、公共服务、生态环境保护等职能，实行政府权责清单制度，厘清政府和市场、政府和社会关系"。[①] 这也就明确规定了以后政府的主要职责就应当围绕上述这些内容展开。

政府在职责明晰之后，就应该施行政府权责清单制度，进一步理清政府与市场、政府与社会之间的关系。从权责的角度来看，不仅仅是政府的各个组成部门要各司其职，还要强调政府必须将有些权力逐步让渡给市场和社会。这种权力让渡对政府来讲是"权力清单"，对市场和社会来讲则是"负面清单"。要做好这些工作，就必须围绕以下两个方面展开：一是必须改革政府与市场、社会之间的关系，"深入推进简政放权、放管结合、优化服务"[②]；二是"深化行政审批制度改革，改善营商环境，激发各类市场主体活力"。[③]

要实现政府与市场、社会的关系调整，就要将政府不必管的事务交还给市场和社会，政府该管的事务必须要管好，而且不仅要管，还要强调做好服务。而政府在这种改革之后更要

---

① 《中共中央关于坚持和完善中国特色社会主义制度　推进国家治理体系和治理能力现代化若干重大问题的决定》，人民出版社，2019年，第16页。
② 同上。
③ 同上。

理清政府与市场、社会之间的职责和权限。而在实现了这样的各方职责调整之后,政府今后必须强调其重要的经济调节功能。

经济调节包括宏观调控和制定发展规划等。这也就意味着政府在"放、管、服"改革之后,开始从微观具体的管理之中解脱出来,在更多地做好服务的同时,要在宏观经济调节和发展规划上下功夫。因此,《决定》中,就明确地要求"健全以国家发展规划为战略导向,以财政政策和货币政策为主要手段,就业、产业、投资、消费、区域等政策协同发力的宏观调控制度体系。完善国家重大发展战略和中长期经济社会发展规划制度"。①

政府在"放、管、服"改革之后,依然对市场和社会要有相应的作为,也即对市场要进行监管,对社会要进行管理。因此,《决定》中就明确,政府要"完善标准科学、规范透明、约束有力的预算制度。建设现代中央银行制度,完善基础货币投放机制,健全基准利率和市场化利率体系。严格市场监管、质量监管、安全监管,加强违法惩戒"。②

然而,政府对市场的监管和社会的管理工作中,只有"管"是不够的,还要有"服务"。因此,政府还要在履行调节功能以实现对市场监管和社会的管理之外,还要在公共服务上下功夫。《决定》中就提出政府要"完善公共服务体系,推进基本公共服务均等化、可及性"。③

---

① 《中共中央关于坚持和完善中国特色社会主义制度 推进国家治理体系和治理能力现代化若干重大问题的决定》,人民出版社,2019年,第16—17页。
② 同上书,第17页。
③ 同上。

有了以上这些职能的调整之后,政府还要根据市场经济和社会发展来推动相应职能的调整和变化。这主要是基于信息技术革命对行政管理提出了一些新的要求,这些要求既对行政管理构成了新的调整,也可以帮助其克服一些既有制度上的缺陷不足、效能不到位等弊病。因此,《决定》中就适应时代条件的变化而提出,要通过"建立健全运用互联网、大数据、人工智能等技术手段进行行政管理的制度规则。推进数字政府建设,加强数据有序共享,依法保护个人信息"。①

六、 优化政府组织结构

以上已经谈到了权限调整和职能调整等问题,然后就要进一步推动政府组织结构优化。《决定》中就指出,要"推进机构、职能、权限、程序、责任法定化,使政府机构设置更加科学、职能更加优化、权责更加协同"。② 对于政府而言,职责和权限转变为实实在在的政府行为,最后都要落到相应的政府组织结构的各类行动主体上。所以,《决定》中就针对优化政府组织结构提出三个方面的要求。一是要"严格机构编制管理,统筹利用行政管理资源,节约行政成本"③;二是要"优化行政区划设置,提高中心城市和城市群综合承载和资源优化配置能力"④;三是要"实行扁平化管理,形成高效率组织体系"。⑤ 由此

---

① 《中共中央关于坚持和完善中国特色社会主义制度 推进国家治理体系和治理能力现代化若干重大问题的决定》,人民出版社,2019年,第17页。
② 同上。
③ 同上。
④ 同上。
⑤ 同上。

可见，现在进行的政府组织结构优化，不仅仅是针对政府内部相关部门，更是涉及国家政府整体组织体系，都必须根据市场经济发展和现代化建设的需要，进行组织结构的完善和优化。

七、健全充分发挥中央和地方两个积极性的体制机制

以上所谈到的优化政府职责体系和优化政府组织结构，都是从机制的角度来看。在此基础之上，政府的优化还需要特别关注和强调政府的上下级关系，也即央地关系以及各级政府之间的关系等。《决定》中非常明确地提出，要"健全充分发挥中央和地方两个积极性体制机制。理顺中央和地方权责关系，加强中央宏观事务管理，维护国家法制统一、政令统一、市场统一"。[①] 而要达到这一要求，就必须对中央和地方的权限增减共同的事项。《决定》中有要求"适当加强中央在知识产权保护、养老保险、跨区域生态环境保护等方面事权，减少并规范中央和地方共同事权。赋予地方更多自主权，支持地方创造性开展工作"。[②] 而在央地权责关系落实之后，就必须"按照权责一致原则，规范垂直管理体制和地方分级管理体制"。[③] 在此基础上，还要"优化政府间事权和财权划分，建立权责清晰、财力协调、区域均衡的中央和地方财政关系，形成稳定的各级政府事权、支出责任和财力相适应的制度"。[④] 要改变和杜绝"又要马儿

[①] 《中共中央关于坚持和完善中国特色社会主义制度 推进国家治理体系和治理能力现代化若干重大问题的决定》，人民出版社，2019年，第17页。
[②] 同上书，第18页。
[③] 同上。
[④] 同上。

跑,又要马儿不吃草"的现象。在这些工作的基础上,还得"构建从中央到地方权责清晰、运行顺畅、充满活力的工作体系"。① 这也就意味着,在组织体系得到优化之后,权责体系、工作体系也需要相应地明确到位。

政府治理体系的调整,或者说中国特色社会主义行政体制的调整,就在以上结构维度和机制维度的调整过程中得到了有效地优化。优化的目的是什么呢?还是回归到国家治理体系和治理能力现代化的问题。也正是由于"管理"是国家最主要的职能,所以作为实际运行国家权力的政府能够根据社会发展、市场发展以及时代变迁来调整内部结构、外部结构以及各个机制之间的关系,从而推动整个政府治理体系效能最大化以使各方都能够满意。

八、结语

上述内容就是从优化政府治理体系以及中国特色社会主义行政体制的内部机理维度,对《决定》中所提出来的一系列内容进行的分析。从这些优化工作中可以获得三个方面的重要启示:一是获得了关于优化政府治理体系和中国特色社会主义行政体制的原理性启发;二是明确了中国特色社会主义体制下政府治理体系的"四梁八柱",同时明确了这个体系必须在中华民族的伟大复兴过程之中根据社会、市场的变化和时代的变迁不断优化;三是认识到了这些优化工作的

---

① 《中共中央关于坚持和完善中国特色社会主义制度 推进国家治理体系和治理能力现代化若干重大问题的决定》,人民出版社,2019年,第18页。

目的是要使得中国特色社会主义行政体制和政府治理体系能够与中华民族的伟大复兴和社会主义现代化建设同频共振、与时俱进。

第六讲

发展经济

本讲关注的主题是经济建设,重点在于基本经济制度建设的问题。党的十九届四中全会在《决定》中提出,要"坚持和完善社会主义基本经济制度,推动经济高质量发展"。① 中国特色社会主义的基本经济制度具有什么样的特点,在新时代条件下如何进一步完善?经济高质量发展为我国的经济建设提出了什么样的要求,又如何去落实这些要求呢?

一、 马克思主义关于人、经济与文明发展关系的理解和认识

《决定》中提出,要"坚持和完善社会主义基本经济制度,推动经济高质量发展"。② 这是坚持和完善社会主义基本经济制度的根据。对此,必须从两个维度来理解,一方面是从人类社会发展的基本规律来理解,尤其是人类文明和经济活动发展规律;另一方面是从中国自身发展的逻辑来理解,尤其是中国特色社会主义经济的发展逻辑。

从人类社会发展的基本规律来理解就要回到人的本质问题上。"马克思主义对人的规定的首要原则,是从现实社会活动着的人出发去分析人和观察人而不是从抽象的人的概念或臆想的人的概念出发。马克思把与社会和自然界发生密切关系的人确定为'现实的人',并确定'现实的人'是人类社会生

---

① 《中共中央关于坚持和完善中国特色社会主义制度 推进国家治理体系和治理能力现代化若干重大问题的决定》,人民出版社,2019年,第18页。
② 同上。

活的前提。"[1]有生命的现实的人的存在,就必然涉及吃饭、穿衣、睡觉,也就是说,必须消费各类的生活资料,而消费相应的生活资料,就必须要有生活资料的供给,这种供给是需要通过生产来实现的。而在生产活动进行之后,又会由此展开一系列的交换活动,这些交换活动又造成了经济活动。人类就在组织生产和生活的过程中开始发展理性,文明的因素就得到了有效的累积,由此逐渐推动文明整体性的发展,这就是历史唯物主义的基本原理。

二、生产力、生产关系与中国特色社会主义基本经济制度的关系

以生产为基础的经济活动在整个人类文明发展之中处于基础性的地位。马克思主义认为,现实的人是生产的人,即现实的人必须从事物质生产。"在任何人类社会中,人都以这样或那样的方式从事物质生产活动,并从这种基本活动中产生不复杂的生产关系、社会关系和政治关系。"[2]既然生产在整个人类活动之中处于基础性的地位,又在整个文明的建构过程中处于基础性地位,由此,对经济活动的分析就要以生产为起点来理解。

马克思主义认为,在生产活动进行的同时还必须进行分配活动,分配活动带来的是交换活动,通过交换来满足消费,生产活动在这个过程中起到的是决定性的作用,处于基础性的位置。

---

[1] 王沪宁:《政治的逻辑——马克思主义政治学原理》,上海人民出版社,2004年,第31页。
[2] 同上书,第32页。

生产又有两个重要的相关因素,首要是"生产力",在社会发展的每个阶段,生产力都起到了决定性的作用。其次是"生产关系",人类在生产物质产品的过程中也形成了"生产关系",在生产力的决定之下,生产形态以及由此形成的整个经济关系在生产过程中不断发展、不断定型、不断演绎。基于此,这种经济关系在制度上、在不同时期、不同国家的体现,就称之为经济制度。

在探讨经济制度的发展过程中,必须把握好几个最重要的要素,即上述经济活动中所涉及的四个环节:生产、分配、交换和消费。对整个人类社会来说,生产要素、生产环节、分配环节,以及后面对生产和分配都有重大影响的包括交换、消费的资源配置方式,就成了把握经济制度时需要考虑的一系列内容。

前文谈到,中国共产党确定社会主义基本经济制度的时候,在把握人类社会发展基本规律的基础上,还要根据中国自身发展的逻辑来构建。我国建立了中国特色社会主义的整体制度,而制度的建立是遵循本国发展的逻辑、历史的逻辑、理论的逻辑和实践的逻辑而进行的,从而形成了整体性政治制度、社会制度、经济制度、文化制度。在这个制度构建过程中,中国共产党考虑到了社会主义国家的性质,以及我国生产力发展的阶段。那么,其中经济制度包含着哪些内容?《决定》对社会主义基本经济制度做出了以下表述,即"公有制为主体、多种所有制经济共同发展,按劳分配为主体、多种分配方式并存,社会主义市场经济体制等社会主义基本经济制度"。①

---

① 《中共中央关于坚持和完善中国特色社会主义制度　推进国家治理体系和治理能力现代化若干重大问题的决定》,人民出版社,2019年,第18页。

从以上基本经济制度内涵的表述中可以发现，中国共产党是从三个维度来把握经济制度的。首先从生产关系角度，也即从所有制的角度来看，我国施行的是以公有制为主体、多种所有制经济共同发展的生产关系；其次是从分配关系的角度来看，我国实行的是按劳分配为主体、多种分配方式并存的分配关系；最后是从资源配置方式和要素交换机制的角度来看，我国确立的是社会主义市场经济体制。

三、毫不动摇巩固和发展公有制经济，毫不动摇鼓励、支持、引导非公有制经济发展

在总体把握了中国特色社会主义基本经济制度的三个维度内容之后，可以看到《决定》围绕这三个维度展开，对每个方面都进行了论述和说明，并作出了相应的规定。关于所有制的问题，明确讲到"要毫不动摇地巩固和发展公有制经济，毫不动摇鼓励、支持、引导非公有制经济发展"[1]，也即"两个毫不动摇"。

第一个"毫不动摇"，是关于公有制经济。《决定》对公有制经济发展明确了多个方面的制度化要求。首先必须"探索公有制的多种实现形式"[2]，其目的是"做强做优做大国有资本"[3]；其次要"推进国有经济布局的优化和结构的调整"[4]；最后要适应社会主义基本经济制度的整体发展，推动其内在有机化，也即需要推动"发展混合所有制经济，增强国有经济的整体竞争力、创

---

[1] 《中共中央关于坚持和完善中国特色社会主义制度　推进国家治理体系和治理能力现代化若干重大问题的决定》，人民出版社，2019年，第19页。
[2] 同上。
[3] 同上。
[4] 同上。

新力、控制力、影响力和抗风险能力"。①

公有制经济的实现方式既然提出来了,随之就要对公有制经济的组织方式进行改革,具体可以分为微观和宏观两个维度的组织方式。从微观的组织方式上来谈,就必须"深化国有企业改革,完善中国特色现代企业制度"②,这是对国有企业这一经济组织形式的微观改革;从宏观上来谈,必须"形成以管资本为主的国有资产监管体制,有效发挥国有资本投资、运营公司功能作用"③,这是对国有资本管理的宏观要求。

再回到公有制,其包含着两个方面内容,一是国有经济,二是集体经济,而集体所有制主要体现在农村。因此,《决定》中明确针对农村提出,要"深化农村集体产权制度改革,发展农村集体经济,完善农村基本经营制度"。④

第二个"毫不动摇",是关于非公有制经济。《决定》对推动非公有制经济发展,明确了四个方面的要求,包括法治环境、政策体系、发展制度以及对具体的非公有制企业和相关人士的支持。首先,在法治环境上,必须"健全支持民营经济、外商投资企业发展的法治环境"⑤,必须在宏观上创造良好的支持环境;其次,在政策体系上,必须"完善构建亲清政商关系的政策体系"⑥,涉及政府和市场经济中的重要主体的关系调整;再次,在

---

① 《中共中央关于坚持和完善中国特色社会主义制度 推进国家治理体系和治理能力现代化若干重大问题的决定》,人民出版社,2019年,第19页。
② 同上。
③ 同上。
④ 同上。
⑤ 同上。
⑥ 同上。

发展制度上,要"健全支持中小企业发展的制度"①;最后,在相关企业和人士上,要"促进非公有制经济健康发展和非公有制经济人士的健康发展"。②

在明确了对公有制经济和非公有制经济的整体发展要求之后,在中国特色社会主义市场经济体制下,特别需要重视市场这一重要的调节性机制。这是由于市场在资源配置中发挥基础性作用的经济体制,是要素交换和流动的重要机制,必须"营造各种所有制主体依法平等使用资源要素、公开公平公正参与竞争、同等受到法律保护的市场环境"③,只有这样才能确保各类微观市场主体在受到保护的同时充分被调动起积极性和能动性。

四、坚持按劳分配为主体、多种分配方式并存

《决定》中提出,要坚持"按劳分配为主体,多种分配方式并存"的分配制度。按劳分配的制度是怎么确定的,其原则又是什么?《决定》中再次提出了要坚持"多劳多得,着重保护劳动所得"④,还进一步强调说,要"增加劳动者特别是一线劳动者劳动报酬,提高劳动报酬在初次分配中的比重"⑤,也就是说特别重视一线劳动者的所得,所以这次提到按劳分配强调了这两个方面。

除了按劳分配之外,在中国特色社会主义基本经济制度的

---

① 《中共中央关于坚持和完善中国特色社会主义制度 推进国家治理体系和治理能力现代化若干重大问题的决定》,人民出版社,2019年,第19页。
② 同上。
③ 同上。
④ 同上。
⑤ 同上。

再分配原则之中,还体现了中国特色社会主义初级阶段的一些其他原则,也即按照生产分配。因此,《决定》中提出,要"健全劳动、资本、土地、知识、技术、管理、数据等生产要素由市场评价贡献、按贡献决定报酬的机制"①,这就再次明确和强调了按劳动要素分配的再分配原则。

有了按劳分配与按生产要素分配是否就已经充分了?事实上还有一些人可能劳动能力不行,其他生产要素能力也不行,无法参与到前述两种分配方式之中,但是作为社会主义国家和社会中的一员,就需要有针对这类群体的相应再分配机制。所以,《决定》中提出来,要"健全以税收、社会保障、转移支付等为主要手段的再分配调节机制"②,这里特别强调要"强化税收调节,完善直接税制度并逐步提高其比重"。③

在形成了上述调剂机制之后,还需要完善相应的制度和政策来合理调节几类分配关系,具体来看,比如城乡之间、区域之间、不同群体间的分配关系。在二次分配之后,还要"重视发挥第三次分配作用"。④ 这里的"第三次分配",即所谓的"发展慈善等社会公益事业"。⑤ 在再分配逻辑基础上,要有整体调节原则,《决定》中提出,要"鼓励勤劳致富,保护合法收入,增加低收入者收入,扩大中等收入群体,调节过高收入,清理规范隐性收入,取缔非法收入"。⑥

---

① 《中共中央关于坚持和完善中国特色社会主义制度 推进国家治理体系和治理能力现代化若干重大问题的决定》,人民出版社,2019年,第19—20页。
② 同上书,第20页。
③ 同上。
④ 同上。
⑤ 同上。
⑥ 同上。

五、 加快完善社会主义市场经济体制

《决定》中强调,"要加快完善社会主义的市场经济体制"。① 中央对这项工作有哪些要求？主要体现在两个方面,一方面要强调标准,另一方面要强调处理好若干关系。

从标准的角度来看,十九届四中全会提出了要"建设高标准的市场体系"。② 这里所说的高标准市场体系具体包含哪些内容呢？一是要实现公平市场竞争,要通过"完善公平竞争制度,全面实施市场准入、负面清单制度、改革生产许可制度、健全破产制度"③等一系列制度,保证市场竞争的公平性；二是要"强化竞争政策的基础地位"④,也就是在政策层面上和相应制度层面上,要"落实公平竞争审查制度,加强和改进反垄断和反不正当竞争的有关执法"⑤；三是必须"健全以公平为原则的产权保护制度,建立知识产权侵权惩罚性赔偿制度,加强企业商业秘密保护"⑥；四是要"推进要素市场制度建设,实现要素价格市场决定、流动自主有序、配置高效公平"。⑦ 在市场中,除了市场要素方,还有消费方。因为市场之中有买卖双方,既然有供给方,就要有消费方,所以消费者的权益也要得到保护,这就需要"强化

---

① 《中共中央关于坚持和完善中国特色社会主义制度　推进国家治理体系和治理能力现代化若干重大问题的决定》,人民出版社,2019 年,第 20 页。
② 同上。
③ 同上。
④ 同上。
⑤ 同上。
⑥ 同上。
⑦ 同上。

消费者权益保护,探索建立集体诉讼制度"。①

以上是从相应的标准建立来谈,而标准的建立还必须考虑竞争性和公平性,要符合经济高质量发展的标准和要求,市场经济发展必须处理好几对关系。第一对是虚与实的关系,第二对是城乡关系,第三对是区域关系。市场在这三对关系中都要在发挥一定的调解作用,这就要求市场经济的发展在坚持社会主义的原则之下妥善处理好相关各方的关系。

一是妥善处理好虚实关系。虚实关系也即金融与生产的关系。从金融的角度来看,必须"加强资本市场基础制度建设,健全具有高度适应性、竞争力、普惠性的现代金融体系,有效防范化解金融风险"。②从生产的角度来看,必须"健全推动发展先进制造业、振兴实体经济的体制机制"③。也就是说,虚实关系的处理不能脱实向虚,必须是金融和实体经济两边有效平衡。

二是妥善处理好城乡关系。对此,《决定》中提出三个方面的要求,首先要"实施乡村振兴战略"④,其次要"完善农业农村优先发展和保障国家粮食安全的制度政策"⑤,最后要"健全城乡融合发展的体制机制"。⑥农村要振兴,农村和农业发展要优先,这就要做好"实施乡村振兴战略,完善农业农村优先发展和保障国家粮食安全的制度政策"。⑦同时,城乡关系的处理还要

---

① 《中共中央关于坚持和完善中国特色社会主义制度 推进国家治理体系和治理能力现代化若干重大问题的决定》,人民出版社,2019年,第20页。
② 同上。
③ 同上书,第20—21页。
④ 同上书,第21页。
⑤ 同上。
⑥ 同上。
⑦ 同上。

强调城乡融合,通过"健全城乡融合发展体制机制"①推动城乡有机融合,这也就是说,随着中国特色社会主义的发展,城乡之间的差距逐步缩小,不能有太大的差异,这既是坚持社会主义原则的必然要求,也是中国特色社会主义进入到新时代之后的发展方向。

三是妥善处理好区域关系。这里面需要考虑的是两个方面的问题,《决定》再次提出,一方面要"构建区域协调发展的新机制"②,另一方面要"形成主体功能明显、优势互补、高质量发展的区域经济布局"。③

处理好虚实、城乡、区域这三对关系之后,还要抓好一些其共同的基础性工作。无论是宏观调控,还是微观发展,在网络社会的条件之下,整个市场经济的运行都有一个基础性工作,即数据的管理。因此,《决定》中就将"优化经济治理的基础数据库建设"④作为一项重要内容提出来。

六、 完善科技创新体制机制

在处理好生产关系的所有制、分配关系的各类制度,以及资源配置的市场机制建设之后,还需要解决的问题是:生产力的发展如何在整个经济发展中起到重要作用?答案应是"完善科技创新体制机制"⑤,也就是说,科学技术作为第一生产力要素,

---

① 《中共中央关于坚持和完善中国特色社会主义制度　推进国家治理体系和治理能力现代化若干重大问题的决定》,人民出版社,2019年,第21页。
② 同上。
③ 同上。
④ 同上书,第20页。
⑤ 同上书,第21页。

其作用必须在新时代的社会主义基本经济制度中得到应有的体现。科技在经济发展中的作用发挥体现在哪几个方面及如何体现？具体可以从五个方面来看。

一是基本精神弘扬。科技创新层面上倡导的精神是什么？《决定》中提出要"弘扬科学精神和工匠精神"。①

二是发展战略安排。在科学精神和工匠精神的作用下，科技创新要有整体的国家战略安排，即《决定》中所强调的"加快建设创新型国家，强化国家战略科技力量，健全国家实验室体系，构建社会主义市场经济条件下关键核心技术攻关新型举国体制"。②

三是原创理论推动。有了总体战略性安排和体制性安排后，就要开始对原创理论进行突破，否则许多科技创新就缺乏后劲。在原创理论上，《决定》中的提法是"加大基础研究投入，健全鼓励支持基础研究、原始创新的体制机制"。③ 这也就是强调科技发展不是简单的拿来主义，从赶超的角度对别人既有的科技成就进行转换的问题，而是应该在基础性原创理论上下功夫。

四是具体应用转换。这就涉及如何将理论创新的成就直接转换为生产力。在实际应用层面上，必须"建立以企业为主体、市场为导向、产学研深度融合的技术创新体系"。④ 也就是说，企业将发挥着直接面向生产和面向市场的主体性作用，企业在整个科技发展创新之中的作用将会越来越大、地位越来越重要。

---

① 《中共中央关于坚持和完善中国特色社会主义制度　推进国家治理体系和治理能力现代化若干重大问题的决定》，人民出版社，2019 年，第 21 页。
② 同上。
③ 同上。
④ 同上。

既然如此,国家就要"支持大中小企业和各类主体融通创新,创新促进科技成果转化机制,积极发展新动能,强化标准引领,提升产业基础能力和产业链现代化水平"。①

五是人才队伍建设。在积极推动构建整个科技创新产学研链条之外,国家就要对其具体落实的各个层面工作提出相应的要求,这些要求的实现最终都必须落到人的身上,所以人才队伍建设也就成为科技创新的重要战略内容。《决定》中提出要"完善科技人才发现、培养、激励机制,健全符合科研规律的科技管理体制和政策体系,改进科技评价体系,健全科技伦理治理体制"。② 一方面强调了人才的发现、培养、激励机制要健康;另一方面对相关人才管理单位提出了要求,有了人才就要管理,管理之后就要评价,评价就有道德风险,进入现代社会,道德风险如何去规范? 这就需要将科技伦理道德的自律体系构建起来,形成与科技创新体制相一致的内在制度性安排。

七、建设更高水平开放型经济新体制

以上所讲的生产关系、分配关系和市场资源配置机制,主要是在国内。而现代化发展的一个重要特点则是全球化。在全球化背景和条件下,要发展好中国特色社会主义市场经济,坚持和完善社会主义基本经济制度,就必须考虑到全球化背景的经济建设问题。习近平总书记在首届中国国际进口博览会开幕式上题为"共建创新包容的开放型世界经济"主旨演讲中谈到,"回

---

① 《中共中央关于坚持和完善中国特色社会主义制度 推进国家治理体系和治理能力现代化若干重大问题的决定》,人民出版社,2019年,第21页。
② 同上。

顾历史,开放合作是增强国际经贸活力的重要动力。立足当今,开放合作是推动世界经济稳定复苏的现实要求。放眼未来,开放合作是促进人类社会不断进步的时代要求"。① 因此,"建设更高水平的开放型经济新体制"②,也就成为新时代社会主义基本经济制度建设的重大战略内容。《决定》中正式提出要在对外开放政策体系的建构上推动三个方面的工作。

第一,要"实施更大范围、更宽领域、更深层次的全面开放,推动制造业、服务业、农业扩大开放,保护外资合法权益,促进内外资企业公平竞争,拓展对外贸易多元化,稳步推进人民币国际化"③,在此基础上,必须"健全外商投资准入前国民待遇加负面清单的管理制度,推动规则、规制、管理、标准等制度型开放"。④ 也就是说,对外开放不再是简单地某个方面的政策性倾斜而在微观局部层面去推动,而是应该进入制度性的创新、制度性的开放阶段。

第二,要"健全促进对外投资政策和服务体系"⑤,在这个构建过程中必须要有相应的政策和服务体系跟上。

第三,要有相应落实机制。仅仅有了对外开放的政策体系还是不够的,还要在相应的落实机制上来推动对外开放。在落

---

① 《习近平:共建创新包容的开放型世界经济——在首届中国国际进口博览会开幕式上的主旨演讲》(2018年11月5日),中国共产党新闻网,http://cpc.people.com.cn/n1/2018/1106/c64094-30383522.html,最后浏览日期:2020年5月25日。
② 《中共中央关于坚持和完善中国特色社会主义制度 推进国家治理体系和治理能力现代化若干重大问题的决定》,人民出版社,2019年,第21页。
③ 同上书,第21—22页。
④ 同上书,第22页。
⑤ 同上。

实机制上中央提出了四个方面：一是"加快自由贸易试验区、自由贸易港等对外开放高地建设"①；二是"推动建立国际宏观经济政策协调机制"②；三是"健全外商投资国家安全审查、反垄断审查、国家技术安全清单管理、不可靠实体清单等制度"③；四是"完善涉外经贸法律和规则体系"。④

八、关于中国特色社会主义基本经济制度的若干分析

以上谈到了经济建设上对内改革和对外开放的有效融合，这就需要总体上对中国特色社会主义基本经济制度作出判断，其实这背后蕴含着一个重要的逻辑，即两个方面的结合——"既体现了社会主义制度优越性，又同我国社会主义初级阶段社会生产力发展水平相适应，是党和人民的伟大创造"。⑤ 这种伟大的创造的优势是什么？主要在于其既克服了资本主义发展过程中的一系列不足，又能充分发挥社会主义制度的优越性，更主要的是其能够适应我国生产力的发展水平。这种伟大的创造可以被比喻为"高阶锻造"之后"降维打击"，以此来解决一系列推动经济发展实践过程中的困难和不足。而做好这一系列推动型工作的关键在于抓好三个方面：首先必须强调"充分发挥市场在资源配置中的决定性作用"⑥，其次要

---

① 《中共中央关于坚持和完善中国特色社会主义制度 推进国家治理体系和治理能力现代化若干重大问题的决定》，人民出版社，2019年，第22页。
② 同上。
③ 同上。
④ 同上。
⑤ 同上书，第18页。
⑥ 同上。

"更好发挥政府作用"①,最后在市场和政府这两个作用发挥的基础上,还有重要的方向性问题要明确,也即必须"全面贯彻新发展理念,坚持以供给侧结构性改革为主线,加快建设现代化经济体系"。②

九、 结语

综上所述,中国特色社会主义基本经济制度的基本特点是什么?就在于这种经济制度既能够坚持党的领导和社会主义原则,又能够使各类主体、各个方面、各种要素需求和诉求得到有效满足,积极性、主动性、能动性得到有效调动,从而形成了经济秩序,推动着经济发展。这些就是中国特色社会主义基本经济制度的基本特点,也可以说是其能够充分彰显其优越性的内在机理。

---

① 《中共中央关于坚持和完善中国特色社会主义制度 推进国家治理体系和治理能力现代化若干重大问题的决定》,人民出版社,2019年,第18页。
② 同上书,第18—19页。

第七讲

繁荣文化

本讲关注的主题是文化建设,重点在于繁荣发展文化的问题。党的十九届四中全会在《决定》中指出,要"坚持和完善繁荣发展社会主义先进文化的制度,巩固全体人民团结奋斗的共同思想基础"。① 繁荣发展社会主义先进文化的制度具有什么样的特点?又应该如何去构建?在整个中国特色社会主义事业发展的过程中发挥着什么样的作用?与国家治理体系的其他组成部分是怎样关系呢?

一、关于文化与国家治理关系的认识和理解

理解文化在国家治理中的重要作用是坚持和完善文化制度的重要前提,那么文化在国家治理之中究竟发挥什么作用?《决定》中有两句话给了很好的提示,第一句话即前文提到的"坚持和完善繁荣发展社会主义先进文化制度,巩固全体人民团结奋斗的共同思想基础"。② 这句话应该如何理解?它主要表达的意义在于先进文化制度的确立有利于巩固全体人民团结奋斗的共同思想基础,也即文化可以巩固人们的共同思想基础,使人们朝着共同的目标奋斗。第二句话是"发展社会主义先进文化,广泛凝聚人民精神力量,是国家治理体系和治理能力现代化的深厚支撑"。③ 也就是说,文化除了巩固思想基础之外,还可以凝

---

① 《中共中央关于坚持和完善中国特色社会主义制度 推进国家治理体系和治理能力现代化若干重大问题的决定》,人民出版社,2019年,第22页。
② 同上。
③ 同上。

聚人心。一定意义上讲,文化凝聚人心的作用,即在精神世界中构建相应秩序,使人们在生活方式、行为方式以及其他需要规约的外在秩序等方面形成一种认同,这种认同就形成了一种精神力量,支撑了整个国家治理体系和治理能力,使之能够在现实社会中落地。

二、坚持和完善繁荣发展社会主义先进文化的制度的要求

文化既然如此重要,那么在坚持和完善繁荣发展社会主义先进文化的制度的过程中,中央有哪些要求?《决定》中提出了三个方面的整体要求。首先必须"坚定文化自信"[①],才能构建先进文化制度;其次要"牢牢把握社会主义先进文化的前进方向"[②],也就是清楚地知道往前走,究竟要走向哪里;再次,必须"围绕举旗帜、聚民心、育新人、兴文化、展形象的使命任务"[③]抓落实。

在这三个方面要求得以落实的基础上,就要开始推动文化发展、文化建设的工作,这些工作的开展也要遵循相应原则,主要体现在三个方面:首先在文化发展方向和原则性问题上,要"坚持为人民服务,为社会主义服务"[④];其次是在具体文化生产过程中,应"坚持百花齐放,百家争鸣"[⑤];再次是在对古代文化、

---

① 《中共中央关于坚持和完善中国特色社会主义制度 推进国家治理体系和治理能力现代化若干重大问题的决定》,人民出版社,2019年,第22页。
② 同上。
③ 同上。
④ 同上。
⑤ 同上。

外来文化等各种文化态度上,应"坚持创造性转化、创新性发展"。① 在遵循这三项原则的基础上,文化建设的目标就需要体现在两个方面,一方面是"激发全民族的文化创造活力"②,另一方面是"更好构筑中国精神、中国价值、中国力量"。③ 在明确了这些要求、原则和目的之后,就需要构建相应的制度予以落实。

三、新时代坚持和完善发展社会主义先进文化的制度的结构与逻辑

坚持和完善发展社会主义先进文化制度的逻辑是什么?结构又是怎样的?《决定》中围绕以下几个方面对其逻辑和结构作了展示。第一,在指导思想方面,必须坚持马克思主义在意识形态领域指导地位的根本制度,确立党的意识形态在整个文化领域和意识形态领域中的指导性地位;第二,在功能作用方面,要使党的意识形态对国家意识形态和社会意识形态发挥引领性作用;第三,在主要内容方面,必须坚持以社会主义核心价值观引领文化建设的制度构建。

有了上述这些主要内容之后,要构建怎样的机制?《决定》中提到三个方面的机制性构建,也就是统一体现社会主义原则的若干机制:首先是保障机制,《决定》中提出要"健全人民文

---

① 《中共中央关于坚持和完善中国特色社会主义制度 推进国家治理体系和治理能力现代化若干重大问题的决定》,人民出版社,2019年,第22页。
② 同上。
③ 同上。

权益保障制度"①,这充分体现了文化建设必须以人民为中心的原则;其次是引导机制,《决定》中提出要"完善坚持正确导向的舆论引导工作机制"②,这是工作性的引导机制,保证正确的舆论导向;最后是生产机制,《决定》中提出要"建立健全把社会效益放在首位,社会效益和经济效益相统一的文化创作生产体制机制"。③

四、坚持马克思主义在意识形态领域指导地位的根本制度

坚持和完善发展社会主义先进文化的制度结构性内容的第一部分是坚持马克思主义在意识形态领域指导地位的根本制度。该根本制度的落地和构建过程,必须围绕以下几个方面展开。

首先,必须全面贯彻落实习近平新时代中国特色社会主义思想。具体怎么做?《决定》中明确提出要围绕三个方面来推动。第一是工作体系方面,提出要"健全用党的创新理论武装全党、教育人民工作体系"④;第二是学习制度方面,在工作体系基础上要推动大家广泛深入学习,因而要"完善党委(党组)理论学习中心组等各层级学习制度"⑤;第三是平台载体方面,进入互联网时代,网络平台的建设就显得特别的重要,

---

① 《中共中央关于坚持和完善中国特色社会主义制度 推进国家治理体系和治理能力现代化若干重大问题的决定》,人民出版社,2019年,第24页。
② 同上。
③ 同上书,第25页。
④ 同上书,第23页。
⑤ 同上。

因此"要建设和用好网络学习平台"①,例如由中共中央宣传部主管、立足全体党员、面向全社会的优质学习平台学习强国 APP,已经在全国产生了非常大的影响力,具有非常广的覆盖面。

其次,必须通过推动马克思主义研究,将意识形态工作落实到思想理论各领域,重点在于"深入实施马克思主义理论研究和建设工程,把坚持以马克思主义为指导全面落实到思想理论建设、哲学社会科学研究、教育教学各方面"。② 习近平总书记曾明确指出,"坚持以马克思主义为指导,是当代中国哲学社会科学区别于其他哲学社会科学的根本标志,必须旗帜鲜明加以坚持。""我国广大哲学社会科学工作者要自觉坚持以马克思主义为指导,自觉把中国特色社会主义理论体系贯穿研究和教学全过程,转化为清醒的理论自觉、坚定的政治信念、科学的思维方法。"③

再次,必须"加强和改进学校思想政治教育"④,这里的重点是要强调"建立全员、全程、全方位育人体制机制"⑤,也即所谓的"三全育人"。

最后,必须"落实意识形态工作责任制"⑥,特别强调两个方

---

① 《中共中央关于坚持和完善中国特色社会主义制度 推进国家治理体系和治理能力现代化若干重大问题的决定》,人民出版社,2019年,第23页。
② 同上。
③ 《习近平:当代中国哲学社会科学坚持以马克思主义为指导》(2016年5月18日),央视网,http://news.cctv.com/2016/05/18/ARTIKgZenJb3zsKbuRkrlDZy160518.shtml,最后浏览日期:2020年5月25日。
④ 《中共中央关于坚持和完善中国特色社会主义制度 推进国家治理体系和治理能力现代化若干重大问题的决定》,人民出版社,2019年,第23页。
⑤ 同上。
⑥ 同上。

面：一方面，要"注意区分政治原则问题、思想认识问题、学术观点问题"①，对这三个方面的问题中的差异性区别对待；另一方面，要"旗帜鲜明反对和抵制各种错误观点"。②

五、坚持以社会主义核心价值观引领文化建设制度

在指导思想的指引下要进一步探讨核心价值观的问题，要"坚持以社会主义核心价值观引领文化建设制度"。③《决定》中主要明确了以下几个方面内容。

第一，必须推动理想信念教育的常态化、制度化。《决定》提出，要围绕两个方面来推动常态化和制度化：一方面，要"弘扬民族精神和时代精神"④；另一方面，在价值取向上，必须"加强爱国主义、集体主义、社会主义的教育"。⑤ 具体的教育素材和重点内容之一，就是"加强党史、新中国史、改革开放史教育"。⑥ 可以通过实施公民道德建设工程予以具体落实，而工程要落地，要有相应的阵地建设，所以要"推进新时代文明实践中心建设"。⑦

第二，要坚持依法治国和以德治国相结合。必须"完善弘扬社会主义核心价值观的法律政策体系"⑧，这也就意味着社会主

---

① 《中共中央关于坚持和完善中国特色社会主义制度　推进国家治理体系和治理能力现代化若干重大问题的决定》，人民出版社，2019年，第23页。
② 同上。
③ 同上。
④ 同上。
⑤ 同上。
⑥ 同上。
⑦ 同上。
⑧ 同上。

义核心价值观的落地,不仅要开展学习教育,而且要用法律和政策的方式作为保障,因此,要建立相应的法律政策体系。

那么,在上述这些工作具体落实过程中,又有什么要求?具体体现在两个方面:一方面要"把社会主义核心价值观要求融入法治建设和社会治理"①;另一方面社会主义核心价值观要"体现到国民教育、精神文明创建、文化产品创作生产全过程"。②

在上述两个方面工作的基础上,要更好地使社会主义核心价值观落地,还必须有相应支撑性的工作体制机制来保障。一是"推进中华优秀传统文化传承发展工程"。③ 通过这个工程可以将优秀传统文化进一步开发,能够进行创造性转化、创新性发展,将这些作为核心价值观建设的重要内容延续下来。二是"健全志愿服务体系"④,在实践层面要构建社会主义核心价值观落实的重点实践体系。三是"完善青少年理想信念教育齐抓共管机制"⑤,这是一项重点机制。四是"完善诚信建设长效机制,健全覆盖全社会的征信体系,加强失信惩戒"。⑥ 这是一项基础性的机制。通过这些支撑性的工作之后,就能使社会主义核心价值观引领文化建设具有了法制基础、实践基础和一系列机制的保障。

---

① 《中共中央关于坚持和完善中国特色社会主义制度　推进国家治理体系和治理能力现代化若干重大问题的决定》,人民出版社,2019 年,第 23 页。
② 同上。
③ 同上书,第 24 页。
④ 同上。
⑤ 同上。
⑥ 同上。

六、 健全人民文化权益保障制度

在明确指导思想和核心价值引领之后,就要进一步展开人民文化权益保障的三个方面机制性内容。

在"健全人民文化权益保障制度"①的构建上,《决定》中非常明确地指出,要"坚持以人民为中心的工作导向"。② 习近平总书记曾专门针对作为文化建设重要内容的文艺工作,强调"以人民为中心,就是要把满足人民精神文化需求作为文艺和文艺工作的出发点和落脚点,把人民作为文艺表现的主体,把人民作为文艺审美的鉴赏家和评判者,把为人民服务作为文艺工作者的天职"。③ 具体而言,这种以人民为中心的工作导向具体在文化生成和服务中主要体现在两个方面,即"文化生产和服务为了人民""文化生产和服务依靠人民"。

从"文化生产服务为了人民"的角度来看,《决定》规定,在文化生产为人民上,要"完善文化产品创作生产传播的引导激励机制,推出更多群众喜爱的文化精品"④;在文化服务为人民上,必须"完善城乡公共文化服务体系,优化城乡文化资源配置,推动基层文化惠民工程扩大覆盖面、增强实效性"。⑤

---

① 《中共中央关于坚持和完善中国特色社会主义制度 推进国家治理体系和治理能力现代化若干重大问题的决定》,人民出版社,2019年,第24页。
② 同上。
③ 《习近平:在文艺工作座谈会上的讲话》(2015年10月14日),新华网,http://www.xinhuanet.com/politics/2015-10/14/c_1116825558.htm,最后浏览日期:2020年5月25日。
④ 《中共中央关于坚持和完善中国特色社会主义制度 推进国家治理体系和治理能力现代化若干重大问题的决定》,人民出版社,2019年,第24页。
⑤ 同上。

从"文化生产和服务要依靠人民"的角度看,在文化生产依靠人民上,要鼓励群众大众化、自发性的且具有广泛参与度的文化活动,所以《决定》提出在活动上要"健全支持开展群众性文化活动机制"①;在文化服务依靠人民上,要"鼓励社会力量参与公共文化服务体系建设"。② 总之,文化生产和服务都要依靠人民,要有人民群众自身的广泛参与,也要有多种多样的多方社会力量的共同参与。

七、完善坚持正确导向的舆论引导工作机制

明确了文化生产和服务是为了人民、依靠人民之后,就要讲到如何在总体上加强引导的问题,这就涉及了《决定》中提出的要"完善坚持正确导向的舆论引导工作机制"。③ 该工作机制的构建原则是什么?第一,从政治把关上来讲,必须"坚持党管媒体原则"④;第二,从社会责任上来讲,要"坚持团结稳定鼓劲、正面宣传为主,唱响主旋律、弘扬正能量"⑤,也即做好正面宣传。

在舆论引导的正确导向性问题明确之后,其具体落地的组织方式和运行制度上又应该如何操作?从总体大格局的角度来看,要"构建网上网下一体、内宣外宣联动的主流舆论格局"。⑥ 这里强调了两对重要空间维度:一个是物理空间和虚拟空间;另一个是国内空间和国外空间。这两对空间维度是当前构建主

---

① 《中共中央关于坚持和完善中国特色社会主义制度 推进国家治理体系和治理能力现代化若干重大问题的决定》,人民出版社,2019年,第24页。
② 同上。
③ 同上。
④ 同上。
⑤ 同上。
⑥ 同上。

流舆论引导工作总体格局的主阵地。

从传播机制体制角度来看，要"建立以内容建设为根本、先进技术为支撑、创新管理为保障的全媒体传播体系"①，这一全媒体传播体系的构建的关键在于体系性，是将内容、技术、管理有机统一起来的完整体系。在完整体系构建起来之后，就需要有相应的关联性引导监督机制，《决定》明确了三个方面的要求，首先要"改进和创新正面宣传"②，其次要"完善舆论监督机制"③，再次要"健全重大舆情和突发事件的舆论引导机制"④，也就是说，舆论宣传不是放任自流，而是有引导监督。

在互联网时代，在信息技术不断蓬勃发展的今天，必须要认识到网络空间对舆论宣传的作用和影响越来越大。网络空间在宣传媒体舆论文化建设过程中，其作用发挥比其他维度更为直接，所以网络综合治理和体制建设就必须提上议程，《决定》强调了五个方面：第一，要"建立健全网络综合治理体系"⑤；第二，要"加强和创新互联网内容建设"⑥；第三，要"落实互联网企业信息管理主体责任"⑦；第四，要"全面提高网络治理能力"⑧；第五，要"营造晴朗的网络空间"。⑨ 因此，在舆论引导工作上，网络空间需要通过综合治理的方式来推进，要将该项工作全方位地上

---

① 《中共中央关于坚持和完善中国特色社会主义制度　推进国家治理体系和治理能力现代化若干重大问题的决定》，人民出版社，2019年，第24页。
② 同上。
③ 同上。
④ 同上。
⑤ 同上。
⑥ 同上。
⑦ 同上。
⑧ 同上。
⑨ 同上。

升到战略的高度来认识和把握。

八、建立健全把社会效益放在首位、社会效益和经济效益相统一的文化创作生产体制机制

在舆论引导性的工作制度机制建立后，就需要进一步关注具体的文化创作生产体制机制构建。《决定》中明确提出，要"建立健全把社会效益放在首位、社会效益和经济效益相统一的文化创作生产体制机制"。① 首先，要让文化创作活力能够得到充分涌现、释放、勃发，就必须"深化文化体制改革，加快完善遵循社会主义先进文化发展规律、体现社会主义市场经济要求、有利于激发文化创新创造活力的文化管理体制和生产经营机制"。② 其次，要构建起来支撑现代文化产业发展的全方位政策体系，这就需要"健全现代文化产业体系和市场体系，完善以高质量发展为导向的文化经济政策"。③

在文化创作生成方面，除了政策支撑推动行业和产业整体发展之外，就具体的业态来讲，文化业态发展体制机制也必须"完善文化企业履行社会责任制度，健全引导新型文化业态健康发展机制"。④ 在创新的基础上，要"完善文化和旅游融合发展的体制和机制"。⑤ 就文化生成创作的具体工作机制上，要"加强文艺创作引导，完善倡导讲品位讲格调讲责任、抵制低俗庸俗

---

① 《中共中央关于坚持和完善中国特色社会主义制度 推进国家治理体系和治理能力现代化若干重大问题的决定》，人民出版社，2019年，第25页。
② 同上。
③ 同上。
④ 同上。
⑤ 同上。

媚俗的工作机制"。①

九、结语

综上所述,这些内容强调的是坚持社会主义的原则,强调的是以人民为中心的导向。所有文化事业产业必须服务于整个中国特色社会主义事业建设的需要,所以文化制度的这些"四梁八柱"的构建,能够保证长时间地使文化建设服务好社会主义事业的发展,能够真正地为人民服务。

---

① 《中共中央关于坚持和完善中国特色社会主义制度 推进国家治理体系和治理能力现代化若干重大问题的决定》,人民出版社,2019年,第25页。

第八讲

造福人民

本讲关注的主题是社会建设，重点在于民生保障制度，也即造福人民的问题。党的十九届四中全会在《决定》中指出，要"坚持和完善统筹城乡的民生保障制度，满足人民日益增长的美好生活需要"。① 那么这个民生保障制度应该包括哪些内涵，整个制度又应该如何去构建，该制度构建的背后机理又是什么呢？人民日益增长的美好生活需要的满足与民生保障制度之间又是什么样的关系呢？

一、关于人的发展、公共服务与执政为民关系的认识和理解

历史唯物主义对人的理解不是抽象的，而是现实的、具体的，人是需要生存和发展的，具有吃饭、穿衣、睡觉以及学习等一系列生存和发展需求。因此，人的生存和发展所需的部分内容就称之为"民生"。人的生存和发展，不仅仅需要靠自己的劳动来满足，而且还需要通过组成社会并且在社会之中互相帮助解决相关问题。因此，人的本质是各种社会关系的总和。所以人的生存和发展是在社会中完成的，社会提供了人生存和发展的各方面条件。后来社会发展到一定阶段的时候，国家诞生了。国家出现的一项重要任务就是为了克服社会的不足，为人的生存和发展提供更好的条件。所以，在国家

---

① 《中共中央关于坚持和完善中国特色社会主义制度　推进国家治理体系和治理能力现代化若干重大问题的决定》，人民出版社，2019年，第25页。

出现之后,国家开始管理社会并且推动社会发展,进而推动人的生存和发展。对中国共产党来讲,执政工作就必须通过政党来推动国家,让国家更好地按一定的原则开展各类公共活动、公共服务,推动各类服务和保障民生事务建设,在此基础之上,使人民的生存和发展能够正常且持续地推进。因此,《决定》中明确,"增进人民福祉、促进人的全面发展是我们党立党为公、执政为民的本质要求"。[1]

为使这个执政党的本质要求有效落地,就必须构建相应的国家基本公共服务制度体系。《决定》中提出,"必须健全幼有所育、学有所教、劳有所得、病有所医、老有所养、住有所居、弱有所扶等方面国家基本公共服务制度体系"。[2] 但是国家基本公共服务的构建是很庞大的系统工程,需要克服方方面面的阻力,那么应该怎么办?是否完全能够满足国家基本公共服务制度体系所明确的一系列要求?这就需要考虑到当前我国总体发展还处于社会主义初级阶段。因此,我国在构建这一制度体系的过程中要循序渐进,必须坚持"尽力而为,量力而行,注重加强普惠性、基础性、兜底性民生建设,保障群众基本生活"。[3] 这就规定了从民生保障方面推动国家基本公共服务制度体系建设的内容和原则。总体而言这些工作,都是为了更好地满足人民需求,为人民造福,这就需要进一步"创新公共服务提供方式,鼓励支持社会力量兴办公益事业,满足人

---

[1] 《中共中央关于坚持和完善中国特色社会主义制度 推进国家治理体系和治理能力现代化若干重大问题的决定》,人民出版社,2019年,第25页。
[2] 同上。
[3] 同上书,第25—26页。

民多层次多样化需求,使改革发展成果更多更公平惠及全体人民"。①

二、新时代关于坚持和完善统筹城乡的民生保障制度的逻辑与结构

为了达到这样的目标,坚持和完善统筹城乡民生保障制度的逻辑和结构应该怎么安排?这就需要回到历史唯物主义的基本原理中来。历史唯物主义认为,人是现实存在的,人既要吃饭穿衣,又要生存和发展,而要满足人的这些需求就需要通过劳动来实现。因此,劳动就成为人的各方面需求能够得以满足的基本出发点。人们在基本劳动的基础之上提高劳动的能力和素质就需要通过教育来实现,由此来推动人的能力和素质的全面发展;同时,人在劳动的过程中有一个劳动能力恢复的过程,从而确保劳动者和整个社会的可持续发展,这就需要社会为劳动者提供相应的社会保障。因此,为了更好地确保人的劳动活动,国家需要致力于做好两方面基础性工作,一方面劳动者的劳动能力要不断提升,另一方面要为劳动者的劳动能力恢复和可持续发展提供保障。而无论是劳动能力提升,还是为劳动能力提供保障,这些工作的基础都是需要劳动者的健康,人要是没有健康,也就无法劳动。因此,这就还需要国家基于人的劳动的可持续发展、围绕人的健康保障来构建相应的制度体系。

---

① 《中共中央关于坚持和完善中国特色社会主义制度 推进国家治理体系和治理能力现代化若干重大问题的决定》,人民出版社,2019年,第26页。

三、健全有利于更充分更高质量就业的促进机制

从劳动者有序和高质量从事劳动活动的角度来看,首先必须强调就业重点在于,"健全有利于更充分更高质量就业的促进机制"。① 因此,十九届四中全会在《决定》中提出,必须"坚持就业是民生之本"②原则。这一原则要真正落地,就需要转化为相应的国家政策措施,而就业优先政策的制定就显得尤为重要。因此,《决定》中提出"实施就业优先政策,创造更多就业岗位"。③

确定实施就业优先政策之后,就要开始将其进一步地转化为更具体的举措。首先是就业服务体系的发展,《决定》中提出,要"健全公共就业服务和终身职业技能培训制度,完善重点群体就业支持体系"。④ 其次是就业促进机制的发展,《决定》中提出,要"建立促进创业带动就业、多渠道灵活就业机制,对就业困难人员实行托底帮扶"。⑤

在就业服务体系和就业促进机制进一步完善发展的基础之上,还要实现就业环境的优化,这涉及宏观和微观两个重要层面的问题,宏观层面上涉及构建公平的就业环境;微观层面上涉及构建和谐的劳动关系。在宏观就业环境公平层面,《决定》中提出"坚决防止和纠正就业歧视,营造公平就业制度环境"。⑥ 在微观劳动关系和谐方面,《决定》中提出"健全劳动关系协调机

---

① 《中共中央关于坚持和完善中国特色社会主义制度 推进国家治理体系和治理能力现代化若干重大问题的决定》,人民出版社,2019年,第26页。
② 同上。
③ 同上。
④ 同上。
⑤ 同上。
⑥ 同上。

制,构建和谐劳动关系,促进广大劳动者实现体面劳动、全面发展"。①

四、 构建服务全民终身学习的教育体系

在宏观和微观两个层面的就业环境优化之后,还需要针对劳动的主体——劳动者进行劳动能力的提升。劳动能力的提升需要通过教育来实现,这就需要国家建立和完善相应的教育体系。因此,《决定》中围绕劳动力长期可持续发展所需要的教育提出,要"构建服务全民终身学习的教育体系"。② 值得注意的是,这里提出的是全民终身学习,这也就意味着国家针对劳动力的教育不仅仅针对劳动者的青少年阶段学习,而是基于劳动者的劳动能力发展全过程;不仅仅是针对劳动者的劳动就业的需要,而且还考量劳动者实现人的自由全面发展。

因此,构建服务全民终身学习的教育体系需要坚持的原则是什么呢?《决定》中指出,要"全面贯彻党的教育方针,坚持教育优先发展"。③ 有了总体的原则,就必须要有明确的导向,那么导向具体应该是怎样的呢?其实,中国特色社会主义各项事业发展的导向都要跟"以人民为中心"的导向结合在一起。因此,教育体系构建的导向就是"聚焦办好人民满意的教育"。④

那么,教育本身的价值追求应该是什么?是立德树人,那么

---

① 《中共中央关于坚持和完善中国特色社会主义制度 推进国家治理体系和治理能力现代化若干重大问题的决定》,人民出版社,2019年,第26页。
② 同上。
③ 同上。
④ 同上。

这种价值追求又怎么落实下来呢？就是要"完善立德树人体制机制"。① 因为教育的功能不仅仅是知识的学习，还有传播意识形态，实现人的社会化，也就是说教育不仅是教书，还要育人。那么，完善立德树人体制机制具体的措施是什么？这就需要根据新的社会发展要求"深化教育领域综合改革"。② 而由于在整个教育具体实施过程中，处于主导和引领方面的是教师，因此教师的师德师风的建设就非常重要，这就需要强调教师的主体责任，必须在"加强师德师风建设"③上下功夫。

教育的价值追求是立德树人，那么教育的目标又是什么？《决定》中明确提出，教育要"培养德智体美劳全面发展的社会主义建设者和接班人"。④ 实现教育的价值追求和目标必须要统筹好几个方面的关系。这主要是基于中国的现实国情：地域广阔，地区间发展水平、人口基数、教育水平等都不均衡，教育中所涉及的问题又纷繁复杂，所需要关注和涉及的环节也很多。在此种情况下，如何做好统筹工作就变成推动教育体系构建的至关重要的问题。

对此，《决定》中明确提出了五个方面的统筹性的工作。一是统筹城乡义务教育，"推动城乡义务教育一体化发展"。⑤ 二是统筹基础教育保障，"健全学前教育、特殊教育和普及高中阶段教育保障机制"。⑥ 原有的义务教育是包括小学和初中阶

---

① 《中共中央关于坚持和完善中国特色社会主义制度　推进国家治理体系和治理能力现代化若干重大问题的决定》，人民出版社，2019年，第26页。
② 同上。
③ 同上。
④ 同上。
⑤ 同上。
⑥ 同上。

段的九年义务教育,现在开始要建立普及高中阶段教育的保障机制。三是统筹继续发展教育,"完善职业技术教育、高等教育、继续教育统筹协调发展机制"。① 四是统筹办学所有制,这就涉及多种形式的办学主体的所有制问题,特别强调要"支持和规范民办教育、合作办学"。② 五是统筹城乡家庭教育,"构建覆盖城乡的家庭教育指导服务体系"③,这意味着家庭教育越来越重要,过去在这方面做得还不够,或者说没有将其纳入国家层面予以考量,现在要将其放在整个教育体系之中,作为其中的一个重要维度,把家庭教育工作与其他的教育进行统筹性考虑。

在上述五方面统筹的基础之上,教育体系构建过程中在新时代还要根据时代条件的变化进一步实现创新性发展。《决定》中提到了两个方面的创新重点:一是要"发挥网络教育和人工智能优势,创新教育和学习方式"④,现在越来越多的人,可以利用网络的方式听课、学习,这就要求教育的发展必须充分发挥好新技术的优势;二是要"加快发展面向每个人、适合每个人、更加开放灵活的教育体系,建设学习型社会"。⑤

五、 完善覆盖全民的社会保障体系

以上主要谈的是教育问题,接下来要谈到保障问题,这就涉及整个社会的劳动力要有效地、持续地运行的问题,这就必须要有对

---

① 《中共中央关于坚持和完善中国特色社会主义制度 推进国家治理体系和治理能力现代化若干重大问题的决定》,人民出版社,2019年,第26页。
② 同上书,第26—27页。
③ 同上,第27页。
④ 同上。
⑤ 同上。

劳动者的保障。《决定》中对"完善覆盖全民的社会保障体系"①，分成两个维度来构建，一是针对全体人民，二是针对特殊人群。

针对全体人民的社会保障体系构建，首先要解决的是基本保险问题。基本保险包括养老保险和医疗保险，一方面"坚持应保尽保原则，健全统筹城乡、可持续的基本养老保险制度、基本医疗保险制度"②，其主要目的是"稳步提高保障水平"。③ 另一方面，"加快建立基本养老保险全国统筹制度"。④ 众所周知，基本保险各个地方都已经在做，但是现代社会的一个重要特点是人口的全国性流动规模越来越大，速度越来越快，这也给基本保险的相应手续办理带来了一系列难题和障碍，那么应该如何克服和解决这些保险手续上所存在的问题？《决定》中提出，"加快落实社保转移接续、异地就医结算制度，规范社保基金管理，发展商业保险"。⑤ 这一系列的工作举措就可以使社会基本保险根据不同人群的需要以及人口频繁流动的现状而提供更大的便利。

针对全体人民的社会保障体系构建，其次要解决的是福利问题。《决定》中提出，要"统筹完善社会救助、社会福利、慈善事业、优抚安置等制度"。⑥

针对全体人民的社会保障体系构建，再次要解决的是贫困问题。解决这一问题在路径上特别强调要"坚决打赢脱贫攻坚

---

① 《中共中央关于坚持和完善中国特色社会主义制度 推进国家治理体系和治理能力现代化若干重大问题的决定》，人民出版社，2019年，第27页。
② 同上。
③ 同上。
④ 同上。
⑤ 同上。
⑥ 同上。

战,巩固脱贫攻坚成果"。① 打赢脱贫攻坚战之后又该怎么办?《决定》中提出要"建立解决相对贫困的长效机制"②,这也就是说接下来在贫困问题的状况上将由原来绝对贫困的问题转变为相对贫困的问题。解决相对贫困的长效机制的建立必须适应新时代发展的要求,其中的一项非常重要的内容就是住房保障,住房是现在大家都非常关注的民生问题。对此,《决定》中明确提出要"加快建立多主体供给、多渠道保障、租购并举的住房制度"。③ 这就为广大人民拥有基础性的居住保障提供了一系列新制度支撑,将对整个社会建设非常有利。

上述谈及的都是针对全体人民的社会保障体系构建,此外还有针对特殊人群的相应社会保障制度建设,《决定》中专门明确了一系列规定:首先是针对军人群体,要"健全退役军人工作体系和保障制度"④;其次是针对妇女群体,要"坚持和完善促进男女平等、妇女全面发展的制度机制"⑤;最后是针对弱势群体,特别强调要"完善农村留守儿童和妇女、老年人关爱服务体系,健全残疾人帮扶制度"。⑥

六、 强化提高人民健康水平的制度保障

对于社会中现实的人来说,还有一个更为基本性的重要

---

① 《中共中央关于坚持和完善中国特色社会主义制度 推进国家治理体系和治理能力现代化若干重大问题的决定》,人民出版社,2019年,第27页。
② 同上。
③ 同上。
④ 同上。
⑤ 同上。
⑥ 同上。

问题就是生命的存续,这是唯物主义的基本前提,人必须先要活下来才可以进行生产劳动。这就涉及一个很重要的兜底性问题和基础性工作,即人的健康。所以,"强化提高人民健康水平的制度保障"①也就成为十九届四中全会的重要内容。人民健康水平的保障制度,将重点围绕以下几个方面展开。

一是政策服务问题。要"坚持关注生命全周期、健康全过程,完善国民健康政策"。② 也就是说,国民健康政策不再是针对某个人的某个阶段或者某个方面,而是针对国民个体从生到死的整个生命全过程以及健康的方方面面,建构起立体完整的制度保障,"让广大人民群众享有公平可及、系统连续的健康服务"。③

二是体制创新问题。政策要真正有效地施行下去就必须在体制机制上有效地落地。宏观层面上是体制创新,微观层面上是医院改革。从宏观角度来看,最主要的是"深化医疗卫生体制改革,健全的基本医疗卫生制度,提高公共卫生服务、医疗服务、医疗保障、药品供应保障水平"④;从微观层面来看,最主要的是医院改革,要加快现代医院管理制度的改革。

三是体系完善问题。医疗体系建设还有一项重要工作要统筹好,即"坚持以基层为重点、预防为主、防治结合、中西医并重。加强公共卫生防疫和重大传染病防控,健全重特大疾病医疗保

---

① 《中共中央关于坚持和完善中国特色社会主义制度 推进国家治理体系和治理能力现代化若干重大问题的决定》,人民出版社,2019 年,第 27 页。
② 同上。
③ 同上书,第 27—28 页。
④ 同上书,第 28 页。

险和救助制度"。① 这些统筹工作能够让广大人民群众在生命健康方面更加安心。

四是人口政策问题。重点要强调和落实"优化生育政策,提高人口质量"。② 2013年的十八届三中全会提出"单独两孩"政策,实施两年之后,2015年年底,全国人大常委会修改了《中华人民共和国人口与计划生育法》,在法律上确立了"国家提倡一对夫妻生育两个子女"。由此可见,人口相关的政策相应内容要根据新的时代要求和特点进行调整。

五是养老服务问题。新中国成立70年来,我国人口再生产类型发生了两次转变。随着老年型年龄结构初步形成,中国开始步入老龄化社会。人口老龄化的加速,是进入新时代人口发展面临的重要风险和挑战。因此,《决定》中提出应"积极应对人口老龄化,加快建设居家社区机构相协调、医养康养相结合的养老服务体系"。③

六是全民健康问题。习近平总书记在全国卫生与健康大会上强调,"没有全民健康,就没有全面小康。要把人民健康放在优先发展的战略地位,以普及健康生活、优化健康服务、完善健康保障、建设健康环境、发展健康产业为重点,加快推进健康中国建设,努力全方位、全周期保障人民健康"。④ 因此,《决定》中

---

① 《中共中央关于坚持和完善中国特色社会主义制度 推进国家治理体系和治理能力现代化若干重大问题的决定》,人民出版社,2019年,第28页。
② 同上。
③ 同上。
④ 《习近平:把人民健康放在优先发展战略地位》(2016年8月20日),新华网,http://www.xinhuanet.com//politics/2016-08/20/c_1119425802.htm,最近浏览日期:2020年5月25日。

提出要"聚焦增强人民体质,健全促进全民健身制度性举措"。①

七、 结语

以上已经对民生保障制度的内容做了一些梳理和分析。这些制度非常好地体现了历史唯物主义的一系列观点,同时也很好地体现了中国特色社会主义的一系列原则。围绕劳动就业、教育学习、社会保障以及人民健康等方方面面的问题,都构建了相应的制度体系,形成了一环扣一环的社会保障制度体系。未来在民生保障制度的"四梁八柱"都构建起来之后,可以再根据人们对美好生活的需要,不断发展新的要求,具体的内容再做相应地新的调整,但又能进一步确保和巩固"四梁八柱"的总体稳定,这就是历史唯物主义的辩证法。

---

① 《中共中央关于坚持和完善中国特色社会主义制度 推进国家治理体系和治理能力现代化若干重大问题的决定》,人民出版社,2019年,第28页。

第九讲

社会治理

党的十九届四中全会指出,要坚持和完善共建共治共享的社会治理制度。社会治理概念涉及了两个关键维度即社会和国家。保持社会稳定和维护国家安全既是社会治理的重要任务,也是确保人民安居乐业的基本底线。我们在前文中讨论过民生保障制度的相关问题,强调了民生保障制度的关键在于保障人民群众的生存和发展。而人民群众在满足具体的生存需求和发展愿望过程中,就会产生一定的矛盾和冲突。因此,为了全面保障人民群众的生存和发展,不仅需要民生保障制度的支持,也需要社会治理制度的保障。社会主义性质决定了中国的社会治理的根本任务就在于协调人民群众在社会中的利益冲突,保证人民群众全面发展所需要的社会秩序和国家秩序。因此,社会治理的过程实际上是一个建构秩序与推动发展并行的过程。

一、坚持和完善共建共治共享的社会治理制度的基本原则和主要内涵

社会治理的过程是一个系统工程,需要在党的领导下充分发挥各种力量的作用,充分调动社会力量的积极性,实现社会治理的任务和目标。党的十九届四中全会对坚持和完善共建共治共享的社会治理制度进行了整体部署。

一是《决定》指出"必须加强和创新社会治理"。[①] 社会治理

---

① 《中共中央关于坚持和完善中国特色社会主义制度 推进国家治理体系和治理能力现代化若干重大问题的决定》,人民出版社,2019年,第28页。

是面向社会的,因此,社会治理的方式会随着社会发展的具体情况发生变化,创新是始终保证社会治理能力和活力的关键。

二是《决定》明确我们要"完善党委领导、政府负责、民主协商、社会协同、公众参与、法治保障、科技支撑的社会治理体系,建设人人有责、人人尽责、人人享有的社会治理共同体"①,高度概括了中国特色社会治理制度的基本形态。这意味着,在新时代的社会条件下,实现有效的社会治理和社会治理创新,一方面要优化社会治理的权力体系,鼓励多方力量参与新时代社会治理,形成相应的治理体系和参与体系,要切实推动形成党委领导、政府负责、民主协商、社会协同、公众参与、法治保障、科技支撑有机统一的社会治理体系。另一方面要构建人人有责、人人尽责、人人享有的社会治理共同体,这就要求实现社会治理各方面的有机化建设,进一步实现人民安居乐业、社会安定有序、建设平安中国的社会治理目标。

三是《决定》强调社会治理的基本任务是"确保人民安居乐业、社会安定有序,建设更高水平的平安中国"。② 围绕为人民群众全面发展创造良好的公共秩序这一基本任务,我们就可以更好地理解社会治理和社会建设的内涵。

正是基于以人民为中心的原则和为人民服务的根本立场,党的十九届四中全会明确了我国社会治理制度的基本方面。从逻辑上来看,这些基本方面是以人民为中心逐渐生成和明确的。首先是完善正确处理新形势下人民内部矛盾有效机制,即处理

---

① 《中共中央关于坚持和完善中国特色社会主义制度 推进国家治理体系和治理能力现代化若干重大问题的决定》,人民出版社,2019年,第28页。
② 同上。

好、协调好人民群众直接的矛盾和利益冲突;其次是完善社会治安防控体系,即保障人民群众的人身财产安全;再次是健全公共安全体制机制,即保障人民群众享受美好社会生活的安全;接着是构建基层社会治理新格局,即为人民群众所需要的良好的社会秩序构建制度基础;最后是完善国家安全体系,即从根本上保障人民群众的公共安全。

二、 完善正确处理新形势下人民内部矛盾有效机制

建立和完善正确处理新形势下人民内部矛盾的有效机制,对于保证人民群众的利益,建设良好的社会秩序至关重要。做好这项工作,《决定》指出,要"坚持和发展新时代'枫桥经验',畅通和规范群众诉求表达、利益协调、权益保障通道"①,让人民群众有地方说话、有地方商量,只有这样才能够把群众中的矛盾解决好。

在这些通道中,第一个通道就是信访,即要"完善信访制度"。② 第二个通道是调解,即要"完善人民调解、行政调解、司法调解联动工作体系"。③ 第三个通道是心理干预,即要"健全社会心理服务体系和危机干预机制"。④ 第四个是综合性通道,即要"完善社会矛盾纠纷多元预防调处化解综合机制"。⑤ 我们

---

① 《中共中央关于坚持和完善中国特色社会主义制度　推进国家治理体系和治理能力现代化若干重大问题的决定》,人民出版社,2019年,第29页。
② 同上。
③ 同上。
④ 同上。
⑤ 同上。

的目的就是通过这些通道来处理和化解人民内部矛盾，将这些矛盾化解于基层。常言道，群众之事无小事，老百姓之事无小事。换个角度来看，也是因为人民的内部矛盾和利益纠纷，很多一开始都是由小事引发的，可是一旦这些小事累积在基层，长期没有很好的化解，它就会愈演愈烈，就会酿成更大的社会矛盾，给人民群众的利益带来更大的伤害。因此，小问题、小矛盾就应该化解在基层，这是一个基本的原则。

三、 完善社会治安防控体系

我们可以将社会治理的过程理解成为人民内部矛盾协调和化解的过程。前一部分我们所讨论的是已经形成的矛盾该如何化解，当然，在社会治理过程中，我们对于人民群众中的一些矛盾还要做到防患于未然，在更大程度上保障人民群众的利益。

首先，要从体系建构的角度理解这一问题，也就是要不断优化和完善社会治安防控体系。做好这项工作需要有一个整体原则，即"坚持专群结合、群防群治"。① 所谓"专群结合"，就是专业人员、专业部门、群众力量三者的紧密结合和有机统一，进一步实现"群防群治"的社会治安整体防控格局。

其次，在这一整体原则的基础上，我们要建构什么样的社会治安防控形态？《决定》指出，要"提高社会治安立体化、法治化、专业化、智能化水平"。② 要实现这一目标，就需要有相应的机制和能力作为配套，即要"形成问题联治、工作联动、平安联创的

---

① 《中共中央关于坚持和完善中国特色社会主义制度 推进国家治理体系和治理能力现代化若干重大问题的决定》，人民出版社，2019年，第29页。
② 同上。

工作机制"。①

最后,在社会治安防控工作机制形成之后,还需要检验和形成这一机制的能力。因此,《决定》强调,要"提高预测预警预防各类风险能力"。② 这就意味着,出了问题一定要解决,但更要注意"治未病"。中医里讲"治未病",指的是当病还没有发出来或刚刚开始出现苗头的时候,就要提前预警。这一提前预判能力的提高,可以在社会治理方面起到事半功倍的作用。只有这样,才能真正做到"增强社会治安防控的整体性、协同性、精准性"。③

四、 健全公共安全体制机制

在社会治理过程中,我们还要经常面临一些生产生活上的安全挑战,要应对这些安全挑战,就要健全公共安全体制机制。与传统社会不同,现代社会的有机性和整体性更强,在现代社会的条件下,很多公共安全问题一旦出现,就会产生连带性影响,造成严重后果。

现代社会中的很多公共安全挑战都与生产活动密切相关。因此,《决定》指出,要"完善和落实安全生产责任和管理制度,建立公共安全隐患排查和安全预防控制体系"。④ 如果安全生产得不到保障,发生生产事故,不仅会对周边的安全环境带来很大

---

① 《中共中央关于坚持和完善中国特色社会主义制度 推进国家治理体系和治理能力现代化若干重大问题的决定》,人民出版社,2019年,第29页。
② 同上。
③ 同上。
④ 同上。

挑战，而且会严重伤害人民群众的切身利益。对于生产活动中的安全挑战，一定要防患于未然，从管理者和从业者的角度夯实安全责任，将安全隐患的排查常态化、制度化、可靠化。

要能够形成安全生产、防范安全事故的制度和能力，也要建立应对安全事故的制度和能力。《决定》指出，要"构建统一指挥、专常兼备、反应灵敏、上下联动的应急管理体制，优化国家应急管理能力体系建设，提高防灾减灾救灾能力"。① 当安全事故和各类灾害来临时，要立刻形成快速处置、快速应急的解决方案，要具备为社会安全兜底的能力。

在近些年的社会发展中，食品药品安全成为一个越来越受到关注和重视的领域，这也是与人民群众切身利益最为相关的领域之一。在这方面单纯依靠市场和市场从业者的自觉，并不能保证食品药品安全，还需要从根本上加强和完善政府监管制度。因此，《决定》指出，要"加强和改进食品药品安全监管制度，保障人民身体健康和生命安全"。②

五、构建基层社会治理新格局

上述我们所讨论的制度和机制主要还是面向在社会治理过程中解决问题、保障秩序，但社会治理还要面向发展，还要能够形成积极的、推动社会发展的能力。面对新时代社会治理的环境和社会发展的需要，就要推动构建基层社会治理新格局。

首先，对于社会治理问题而言，既然是人民内部矛盾的调解

---

① 《中共中央关于坚持和完善中国特色社会主义制度　推进国家治理体系和治理能力现代化若干重大问题的决定》，人民出版社，2019年，第29页。
② 同上。

和人民切身利益的保障,就必须坚持以人民为中心的根本原则,做到一切依靠人民、一切为了人民,人民群众必须作为参与社会治理的主体。因此,《决定》强调,要"完善群众参与基层社会治理的制度化渠道"。①

其次,由于人民群众分布在不同的行业、领域和地区,人民群众参与基层治理的方式、方法和诉求都有很多具体的差异。因此,在人民群众参与社会治理的过程中,还需要相应的基层治理制度体系去加以规范和保障。因此,《决定》指出,要"健全党组织领导的自治、法治、德治相结合的城乡基层治理体系"。②

健全这一基层治理体系,一是要健全社区治理服务机制,即"健全社区管理和服务机制,推行网格化管理和服务"。目前来看,网格化治理在全国范围取得了非常显著的效果。举一个例子,十年前的南京市栖霞区仙林街道还是一个社会矛盾突出的上访高发地区,但是通过构建网格化为基础的治理模式之后,将坚持以人民为中心的价值来化解矛盾这一理念落到实处,并形成了一系列相应的体制机制,仙林街道可以做到连续十年零上访。二是要健全治理主体参与机制。网格化治理体系建立起来之后,还需要将群众的参与有机地组织起来,这就需要发挥相应的多元主体共同参与的作用。除了作为领导中轴的党的力量之外,还得调动各方面的力量来共同参与社会治理。因此,《决定》指出,要"发挥群团组织、社会组织作用,发挥行业协会商会自律

---

① 《中共中央关于坚持和完善中国特色社会主义制度　推进国家治理体系和治理能力现代化若干重大问题的决定》,人民出版社,2019 年,第 29 页。
② 同上书,第 29—30 页。

功能"。① 通过强化基层服务和主体参与机制,实现"夯实基层社会治理基础",进一步"加快推进市域社会治理现代化"。②

再次,坚持以人民为中心,就要让治理过程深入人民群众中,深入基层社会中,就要将社会治理下沉到基层。《决定》指出,要"推动社会治理和服务重心向基层下移,把更多资源下沉到基层,更好提供精准化、精细化服务"。③ 将社会治理和服务中心向基层下移的一个非常重要的渠道就是通过作为社会基础单元的家庭,积极发挥家庭在基层治理中的独特作用。因此,《决定》指出,要"注重发挥家庭家教家风在基层社会治理中的重要作用"。④ 注重发挥家庭家教家风在基层社会治理中的重要作用,这既是中国传统治理智慧的一种体现,也是现代社会治理过程中必须充分发挥作用的一项重要机制。

最后,从整个国家的角度来看,边疆治理也是社会治理中一个非常重要的任务。社会主义原则决定了在整个国家和社会发展过程中,必须始终关注和做好边疆地区的社会治理,不能让边疆的人民群众在社会治理发展的过程中"掉队"。因此,《决定》也强调,要"加强边疆治理,推进兴边富民"。⑤

六、 完善国家安全体系

最后要讨论的一点就是完善国家安全体系。完善国家安全

---

① 《中共中央关于坚持和完善中国特色社会主义制度 推进国家治理体系和治理能力现代化若干重大问题的决定》,人民出版社,2019年,第30页。
② 同上。
③ 同上。
④ 同上。
⑤ 同上。

体系,首先要明确我们对于国家安全的原则性理解。《决定》强调,我们要"坚持总体国家安全观,统筹发展和安全,坚持人民安全、政治安全、国家利益至上有机统一"。① 这意味着,我们在完善国家安全体系的过程中,必须坚持系统思维。人民安全是国家安全的根本所在,政治安全是国家安全的根本保障,国家利益则是国家安全所关注的基本内容。在国家安全的维护过程中,这三者是有机统一的,只有政治安全和国家利益得到保障,人民安全才能获得坚强的保证。

其次,在这一原则的指导下,我们需要进一步构建国家安全体系在操作层面上的制度体系。《决定》指出,要"以人民安全为宗旨,以政治安全为根本,以经济安全为基础,以军事、科技、文化、社会安全为保障,健全国家安全体系,增强国家安全能力"。② 国家安全的保障是一个系统工程,涉及各个方面,随着现代化和全球化的日益深入,国家安全涉及的各类主体也日益复杂,因此,健全国家安全体系,增强国家安全能力也显得越来越重要。

在构建国家安全体系的过程中,国家和人民这两个关键主体发挥作用的制度和机制是至关重要的。从国家主体的角度来看,主要是要健全维护国家安全的领导制度和法律基础。因此,《决定》指出,要"完善集中统一、高效权威的国家安全领导体制,健全国家安全法律制度体系"。③ 从人民主体的角度来看,就是

---

① 《中共中央关于坚持和完善中国特色社会主义制度　推进国家治理体系和治理能力现代化若干重大问题的决定》,人民出版社,2019 年,第 30 页。
② 同上。
③ 同上。

要构建全民参与、全民维护的国家安全体系,将所有对国家安全的威胁都化解在"人民战争的汪洋大海"中。因此,《决定》指出,要"加强国家安全人民防线建设,增强全民国家安全意识,建立健全国家安全风险研判、防控协同、防范化解机制"。①

最后,国家安全不仅要能够防患于未然,也要能够在国家安全遭受挑战和威胁的时候,果断"亮剑",坚定地维护国家安全和人民安全。对此,《决定》强调,要"提高防范抵御国家安全风险能力,高度警惕、坚决防范和严厉打击敌对势力渗透、破坏、颠覆、分裂活动"。②

七、结语

综上所述,我们已经对社会治理制度体系的构建做了整体分析。其中,一项根本原则是,做好社会治理领域的各项工作,必须坚持以人民为中心。其背后的原因在于,社会的本质就是人民的组织形式,而化解社会内部的矛盾、理顺社会内部的关系,以及由此产生的各项工作,都需要将人民组织起来、动员起来。在这个意义上,社会治理的过程中就必须依靠人民、为了人民。因此,不管是对于社会治理问题的解决,还是围绕发展开展的社会治理工作,都必须贯彻和落实以人民为中心这一理念和原则。

党的十九届四中全会《决定》中提到的相关内容,构成了中国特色社会治理制度的"四梁八柱"。这一社会治理制度是我国

---

① 《中共中央关于坚持和完善中国特色社会主义制度 推进国家治理体系和治理能力现代化若干重大问题的决定》,人民出版社,2019年,第30页。
② 同上。

长期探索、实践形成的制度体系,是我国社会治理的根基所在,其内在逻辑和制度机制,对于中国特色现代社会的建设具有重要的指导和实践意义。同时,这一制度体系的很多内容,也深刻体现了新时代社会发展任务和社会发展环境的变化,这意味着这一制度体系在"四梁八柱"的基础上,仍然可以进一步创新和发展,具有很强的制度活力。

第十讲

生态文明

本讲我们要讨论的内容是关于坚持和完善生态文明制度体系的问题，也就是为促进人与自然和谐共生、建设中国特色社会主义生态文明构建制度基础的问题。党的十九届四中全会强调，要坚持和完善生态文明制度体系，促进人与自然和谐共生。地球是全人类的家园，对地球生态的破坏，最后都会转化为对人类生存的直接威胁。随着现代化发展的日益深入，人类也越来越清楚地意识到生态文明建设的重要性。随着中国特色社会主义建设进入新时代，无论是经济社会发展，还是保障人民群众的切身利益，生态文明建设的重要性也日益凸显出来。中华文明作为一个历史悠久的文明体，能否在新的历史条件下，探索实践出一条中国特色生态文明建设道路，对于人类现代文明的发展也具有重要的示范和参考意义。

一、坚持和完善生态文明制度体系的价值基础和基本框架

党的十九届四中全会将生态文明建设定位为关系中华民族永续发展的千年大计，并为这一千年大计明确了基本理念、基本国策、基本方针和基本道路。

首先，生态文明建设的基本理念是"绿水青山就是金山银山"这一可持续发展的理念。这就意味着，我们在不断推动现代化进程的同时，不能没有节制地向大自然索取，而应当认识到大自然本身就是金山银山。

其次，生态文明建设的基本国策是坚持节约资源和保护环

境的基本国策。在确立了基本发展理念后,就必须为这一理念的实践建立相应的制度和政策保障。党的十九届四中全会再次明确和强调坚持节约资源和保护环境的基本国策,就是在表明我们要继续将这一可持续发展理念落实为具体的政策和行动的决心。

再次,在明确了生态文明建设的基本国策后,还需要进一步明确这一国策执行的基本方针。《决定》明确了这一国策的基本方针主要有三个。一是坚持节约优先,二是坚持保护优先,三是坚持自然恢复为主。节约优先意味着我们要节制对自然资源的索取,杜绝挥霍无度和铺张浪费,提升自然资源的利用效率;保护优先意味着我们要立足长远,协调好经济社会发展和生态文明建设的关系,加强对保护生态环境重要性的认识;自然恢复为主是我们落实生态文明发展理念,尊重自然的重要表现,在保护生态环境的过程中,要注重发挥自然本身的作用,避免因为一些人为的原因,"好心办坏事"。

最后,在上述基本方针的指导下,《决定》明确了我们要"坚定走生产发展、生活富裕、生态良好的文明发展道路,建设美丽中国"。[①] 这意味着,实现建设美丽中国这一任务,首先需要统筹好生产、生活、生态三个方面的各项工作。特别是进入新时代,只有坚持统筹意识、树立系统思维,才能从根本上实现现代文明的可持续发展,才能够形成人和自然的和谐共生关系。

在明确了生态文明建设的基本理念、基本国策、基本方针和

[①] 《中共中央关于坚持和完善中国特色社会主义制度 推进国家治理体系和治理能力现代化若干重大问题的决定》,人民出版社,2019年,第31页。

基本道路等一系列基本框架后,还需要不断优化和完善与之相适应的制度安排。党的十九届四中全会专门就坚持和完善生态文明制度体系进行了总体部署。生态文明建设的基本方针决定了生态文明制度体系的基本逻辑和基本内容,即生态文明制度体系也将围绕资源节约、生态保护、生态恢复而展开,在这一基础上,还需要强调生态建设工作的责任制度,强化工作支持和保障。因此,党的十九届四中全会主要明确了生态建设制度体系四个部分的内容:一是实行最严格的生态环境保护制度;二是全面建立资源高效利用制度;三是健全生态保护和修复制度;四是严明生态环境保护责任制度。

二、 实行最严格的生态环境保护制度

根据《决定》的内容结构,我们将首先来讨论关于生态环境保护制度的内容。作为一个具体的制度,当然需要先明确这一制度的价值原则。为此,《决定》明确,我们要"坚持人与自然和谐共生,坚守尊重自然、顺应自然、保护自然"。① 在这一价值原则的指导下,党的十九届四中全会部署了最严格的生态环境保护制度。我们可以从五个方面来理解这一最严格的生态环境保护制度。

一是关于生态环境保护的全过程工作制度体系。《决定》指出,要"健全源头预防、过程控制、损害赔偿、责任追究的生态环境保护体系"。② 在这一工作制度体系中,首先要健全源头预

---

① 《中共中央关于坚持和完善中国特色社会主义制度 推进国家治理体系和治理能力现代化若干重大问题的决定》,人民出版社,2019年,第31页。
② 同上。

防,就是我们所讲的"治未病",当问题还没有完全爆发时,需要从源头预防;其次,要强化过程控制,避免生态保护工作"虎头蛇尾";再次,当问题出现时,要做好损害赔偿的工作;最后,还需要严格责任追究,让相应的人员承担好工作责任。

二是关于国土资源统筹和保护的制度体系。国土资源是最重要的自然资源,也是其他各类自然资源存在的基础。没有好的国土资源统筹,国土资源保护就难以有序推进。没有国土资源的保护,也就谈不上生态环境的保护。《决定》指出,我们要"加快建立健全国土空间规划和用途统筹协调管控制度,统筹划定落实生态保护红线、永久基本农田、城镇开发边界等空间管控边界以及各类海域保护线,完善主体功能区制度"。①

三是关于生产和消费领域生态环境保护的制度体系。生产和消费领域直面人类生活需求,是人类向自然资源索取资源的基本领域。在生态环境保护过程中,一定要将保护落实到生产和消费领域,尤其是综合运用好市场和法律手段,为生产和消费过程中的生态环境保护提供保障。为此,《决定》指出,要"完善绿色生产和消费的法律制度和政策导向,发展绿色金融,推进市场导向的绿色技术创新,更加自觉地推动绿色循环低碳发展"。②

四是关于污染排放监管的制度体系。现代生产生活方式决定了人类必然会产生一定的污染物。如何排放,排放前、排放后如何处置污染物,这也是现实条件下,我们加强生态环境保护必

---

① 《中共中央关于坚持和完善中国特色社会主义制度 推进国家治理体系和治理能力现代化若干重大问题的决定》,人民出版社,2019年,第31页。
② 同上。

须重视的问题。针对这一问题,《决定》也指出,要"构建以排污许可制为核心的固定污染源监管制度体系,完善污染防治区域联动机制和陆海统筹的生态环境治理体系"。① 值得一提的是,《决定》针对此前生态环境保护过程中容易忽视的农村领域,也强调我们要"加强农业农村环境污染防治"。②

五是关于完善生态环境保护法律体系和执法司法制度。法律既是生态保护全程的必要监管,也是对破坏生态环境的行为的有力震慑。完善生态环境保护相关的法律和司法基础,是保证生态环境保护工作可持续发展的重要举措。

三、全面建立资源高效利用制度

上述制度体系是生态环境保护的一个方面,另一方面是我们还需要在自然环境中进行生产和发展,在这一过程之中,也要实现人与自然的和谐共生。因此,党的十九届四中全会强调,要全面建立资源高效利用制度,并对这一制度的具体内容进行了部署。该制度是以自然资源产权制度为核心的法制体系,主要包括高效利用资源的法制体系、政策体系、能源体系和资源体系等。

一是在法制体系层面上。《决定》提出,要"推进自然资源统一确权登记法治化、规范化、标准化、信息化,健全自然资源产权制度,落实资源有偿使用制度,实行资源总量管理和全面节约制度"。③

---

① 《中共中央关于坚持和完善中国特色社会主义制度 推进国家治理体系和治理能力现代化若干重大问题的决定》,人民出版社,2019年,第31—32页。
② 同上书,第32页。
③ 同上。

二是在政策体系层面上。《决定》提出,要"健全资源节约集约循环利用政策体系。普遍实行垃圾分类和资源化利用制度"。[①] 这就意味着在做好生态环境保护和明确产权制度的基础之上,要切实健全有助于资源节约、集约和循环利用的政策体系,目的是为了尽可能将资源有效地重新循环利用,最大限度地减少土地占用和资源使用。

三是在能源体系层面上。《决定》提出,要"推进能源革命,构建清洁低碳、安全高效的能源体系"[②],即要推动构建以创新驱动为方向的能源体系。

四是在资源体系层面上。《决定》提出,要"健全海洋资源开发保护制度"。[③] 要构建以开发保护为主要内容的资源体系,其中一项很重要的内容是要健全海洋资源的开发保护制度,海洋资源的开发和保护要和前面讲到的各项内容形成相呼应的统筹性资源体系。

任何制度都必须落地,要落地就需要监管。因此,在上述法制体系、政策体系、能源体系和资源体系构建的基础上,还要构建科学系统的监管体系。《决定》指出,要"加快建立自然资源统一调查、评价、监测制度,健全自然资源监管体制"。[④] 以上这一系列的体系,就构成了生态文明建设基本方针的节约维度。

---

① 《中共中央关于坚持和完善中国特色社会主义制度 推进国家治理体系和治理能力现代化若干重大问题的决定》,人民出版社,2019年,第32页。
② 同上。
③ 同上。
④ 同上。

四、健全生态保护和修复制度

当然,我们知道,在现代生产和生活条件下,不论如何节制,在具体的生产、生活过程中,不可避免地会带来对生态的破坏和资源的使用。这就意味着生态修复成为一项必须开展的重要工作。因此,党的十九届四中全会也强调和部署了健全生态保护和修复制度。实际上,修复性保护也是一种重要的生态环境保护形式。由于生态修复面向的是生态破坏的重点方面和领域,因此,对于生态修复制度的构建也是围绕生态修复的重点领域而展开的。

一是围绕山水林田湖草的综合领域,《决定》指出,要"统筹山水林田湖草一体化保护和修复,加强森林、草原、河流、湖泊、湿地、海洋等自然生态保护"。[1] 要做好生态修复工作,需要树立系统思维、强化统筹意识。对于整个生态环境保护工作而言,整体统筹的作用和意义重大,也就是说,对生态环境的方方面面内容都要进行整体性的统筹安排,做好相应的生态保护性、修复性的工作。

二是围绕重要生态系统,《决定》指出,要"加强对重要生态系统的保护和永续利用,构建以国家公园为主体的自然保护地体系,健全国家公园保护制度"。[2] 这意味着,要以国家的力量对一些具有代表性的,或者具有重大价值的生态系统进行整体性保护和修复。

---

[1] 《中共中央关于坚持和完善中国特色社会主义制度　推进国家治理体系和治理能力现代化若干重大问题的决定》,人民出版社,2019年,第32页。
[2] 同上。

三是围绕大江大河生态系统,《决定》指出,要"加强长江、黄河等大江大河生态保护和系统治理"。① 长江黄河等大江大河是中华文明的发源地,哺育了一代又一代的中华儿女。无论是从文明发展,还是从新时代我国经济社会可持续发展的角度而言,大江大河的生态修复和治理都具有重要意义。

四是围绕国土绿化这一重要领域,《决定》指出,要"开展大规模国土绿化行动,加快水土流失和荒漠化、石漠化综合治理,保护生物多样性,筑牢生态安全屏障"。② 我国近些年在国土绿化和水土资源修复上取得了很大的成就,但是,我国的很多地区还深受水土资源流失的困扰,这一工作还需要继续坚持下去,把它做好。

五是围绕近海保护和修复,《决定》指出,"除国家重大项目外,全面禁止围填海"。③ 这一部署对于当前的近海保护意义重大。近些年,随着沿海地区经济社会的发展,填海造陆对近海造成的生态破坏越来越大,最终仍然会威胁到沿海地区的发展。所以,规范和约束填海造陆,也是生态环境修复的重要内容。

五、 严明生态环境保护责任制度

在保护、节约、修复等生态文明建设方针确立并构建相应的制度体系后,还需要再推进一项保底性的制度建构,那就是严明生态环境保护责任制度。因为,在生态文明建构过程中,总会出

---

① 《中共中央关于坚持和完善中国特色社会主义制度 推进国家治理体系和治理能力现代化若干重大问题的决定》,人民出版社,2019年,第32页。
② 同上。
③ 同上。

现一些破坏生态环境的行为,或者开展生态保护工作不力的行为。针对这类行为,就需要相应的责任制度去监督和追责。生态环境保护制度主要包括评价考核、干部审计、行政督查和终身追责四个主要组成部分。

一是要构建严明的生态文明建设目标评价考核制度。对参与生态文明建设的各类主体进行全面的考核,约束各类主体的行为,使其养成参与生态文明建设的行为自觉。《决定》指出,要"建立生态文明建设目标评价考核制度,强化环境保护、自然资源管控、节能减排等约束性指标管理,严格落实企业主体责任和政府监管责任"。①

二是要构建严明的生态文明建设干部审计制度。《决定》强调,要"开展领导干部自然资源资产离任审计"。② 在确定考核标准的基础之上,还要进一步评价相关工作是否落实到位。这一评价体系意味着领导干部不能一走了之,临走之前还要接受环保方面的离任审计,进一步夯实了领导干部的环保责任。

三是要构建严明的生态文明建设行政督察制度。《决定》指出,要"推进生态环境保护综合行政执法,落实中央生态环境保护督察制度"。③ 在具体的环保考核和评价过程之中,不能缺少行政执法环节,即必须推进生态环境保护的综合行政执法,这个力度要加大。有了各地地方的行政生态和环保执法后还不够。如果环保行政执法不到位怎么办?因此,还需要进一步做好环

---

① 《中共中央关于坚持和完善中国特色社会主义制度 推进国家治理体系和治理能力现代化若干重大问题的决定》,人民出版社,2019年,第32—33页。
② 同上书,第33页。
③ 同上。

保督察的相关工作。要落实中央生态环境保护的督查制度,从中央至上而下地进行督查。

四是要构建严明的生态文明建设终身追责制度。《决定》指出,要"健全生态环境监测和评价制度,完善生态环境公益诉讼制度,落实生态补偿和生态环境损害赔偿制度,实行生态环境损害责任终身追究制"。[1] 也就是说,生态环境保护工作的效果究竟如何,还必须进行检测和评价,对于出现损害的要依法诉讼和赔偿,对于需要承担责任的,进行终身追责。具体而言,可以分为以下三个方面来理解。第一,受损害的地方和受损害的主体应该进行公益诉讼,这就意味着要进一步完善生态环境的公益诉讼制度,保障法律途径的公正和畅通。第二,必须不断完善和做好相关的赔偿工作,这就要求落实生态补偿和生态环境的损害赔偿制度。第三,要进一步深化责任追究,这一内容不仅包括前面讲到的对于离任领导干部的审计工作,如果若干年后才发现是在领导干部任期内,或是某家企业曾经严重损害过生态环境保护工作,也要有一个严厉的责任追究,这就是生态环境损害责任终身追究制。

六、 结语

综上所述,在贯彻以人和自然和谐共生的理念为原则的基础之上,围绕节约、保护、修复等几个方面的内容,需要推动相应的制度安排。同时,包括责任制度等在内的一系列制度体系也

---

[1] 《中共中央关于坚持和完善中国特色社会主义制度 推进国家治理体系和治理能力现代化若干重大问题的决定》,人民出版社,2019年,第33页。

得以构建,这就形成了完整的关于生态文明制度的整体体系。归根结底来讲,这一整体体系构建的宗旨还是要以人与自然和谐共生为诉求,构建一个面向未来的可持续发展的现代文明形态,既能够将生产、生活、生态三者有机统一起来,又能够真正做到尊重自然。

要建立这样一个生态文明的现代形态,只有在构建生态文明的制度性基础上,充分发挥制度的作用,才能够一步一步得到落实。对于中华民族来讲,要实现中华民族的伟大复兴,为后世的中华儿女创造和留下良好的生态环境,就必须要矢志不渝地坚持生态文明建设,不遗余力地推动相关的制度性安排完善、落地和发挥作用。

第十一讲

党指挥枪

本讲关注的主题是军队建设,重点在于党指挥枪的问题。党的十九届四中全会在《决定》中提出要"坚持和完善党对人民军队的绝对领导制度,确保人民军队忠实履行新时代使命任务"。[①] 那么为什么要坚持党指挥枪?党对人民军队的绝对领导制度是怎样的?这样的制度又是如何具体落地的?

一、 人民军队、党的领导与新时代军队使命任务

要理解《决定》所提出的"坚持和完善党对人民军队的绝对领导制度,确保人民军队忠实履行新时代使命任务"[②],首先必须理解中国共产党和人民军队之间的关系。军队在任何一个国家都非常重要,承担着保护国家和人民的重要使命。作为一种武装力量,它的作用非常特殊。因此,如何有效地驾驭军队,使军队发挥出它应有的作用,是古今中外各个国家都需要面对的重要政治问题。而在我国,通过中国共产党的领导,妥善处理好了这一关系,即实现党对军队的绝对领导。

那么,人民军队在我国的重要地位是什么?它关系到哪些方面?《决定》提出,"人民军队是中国特色社会主义的坚强柱石"[③],这也就给予了人民军队非常高的定位,人民军队就像柱子一样,成为撑住了中国特色社会主义事业发展的重要基础,其

[①] 《中共中央关于坚持和完善中国特色社会主义制度 推进国家治理体系和治理能力现代化若干重大问题的决定》,人民出版社,2019年,第33页。
[②] 同上。
[③] 同上。

他任何力量很难去撼动这一根基,这就是人民军队在中国的地位。

正如前文提到的那样,我国发挥军队这种坚强柱石作用,其前提是党对军队的绝对领导。因此,《决定》就提出"党对人民军队的绝对领导是人民军队的建军之本、强军之魂"。① 这里所说的"本"和"魂"是怎么确立起来的？具体来说,它的确立是由两个逻辑共同作用而来。

一方面是从中国发展的历史逻辑来看,近代中国的发展需要用将社会有效组织起来的机制和力量。经过历史和人民的选择,最终走出了用政党的力量来领导人民、驾驭军队、建立国家的路子。由此,党对军队的领导就成为历史逻辑使然。

另一方面是从政治的理论逻辑角度来看,政党是政治性组织,军队是军事性组织,军事性组织必须接受政治性组织的领导以服务大局。因此,党对军队的有效领导就保证了我国军队能够完成其每个阶段应有的历史使命,从而为军队注入了"魂",规定了军队的"本"。

所以,我国人民军队的建军之本、强军之魂,就是在这样的历史逻辑和理论逻辑共同作用之下确立的。而在新时代的现实逻辑演绎和推动之下,我国更加要强调党对军队的绝对领导这一制度性安排。

那么,这一制度性安排背后的指导思想是什么？在新时代条件下应该怎样建军、如何强军？怎样做到党对军队的绝对领

---

① 《中共中央关于坚持和完善中国特色社会主义制度 推进国家治理体系和治理能力现代化若干重大问题的决定》,人民出版社,2019年,第33页。

导？这一领导的有效性如何实现？《决定》提出"必须牢固确立习近平强军思想在国防和军队建设中的指导地位"①，这也就意味着，习近平总书记关于建军的思想已经对新时代该如何加强军队建设、做好国防工作、实现党对军队的绝对领导等一系列的内容作出了比较系统地阐释。在习近平总书记的指导思想之下，我国的军队建设就有了更加明确的方向和系统性的指导。

有了明确的指导思想之后，就要将这些指导思想落地，转化成为我国军队建设的方方面面工作，这就要建立相应的政策体系。所以，《决定》提出"巩固和拓展深化国防和军队改革成果，构建中国特色社会主义军事政策制度体系"②，这个体系涉及方方面面，非常庞大，该制度体系构建的方向所指又是什么？《决定》提出"全面推进国防和军队现代化，确保实现党在新时代的强军目标"③，这就明确了军队建设的方向。

这个强军目标最后要达到什么样的状态？《决定》提出两个方面。一是要"把人民军队全面建成世界一流军队"④，二是要"永葆人民军队的性质、宗旨、本色"。⑤ 前者强调的是军事力量如何强大起来以及达到一流水平。后者是强调军队的政治属性。因为军队不仅仅涉及军事问题，而且涉及政治问题，所以这就成为我国新时代建军所要达到的目标。

---

① 《中共中央关于坚持和完善中国特色社会主义制度　推进国家治理体系和治理能力现代化若干重大问题的决定》，人民出版社，2019年，第33页。
② 同上。
③ 同上。
④ 同上。
⑤ 同上。

二、新时代坚持和完善党对人民军队的绝对领导制度的逻辑与结构

在理解了上述内容之后,就要回到《决定》所提到的关于坚持和完善党对人民军队的绝对领导制度这一根本问题上来。那么,这一制度建构的逻辑和结构是怎样的？从逻辑上来看,对此的理解要围绕党对人民军队的绝对领导是人民军队的建军之本、强军之魂而展开。具体来说,需要从三个维度来把握：一是在领导权维度上是怎么实现；二是在政党自身建设的维度上怎么实现；三是把党的领导贯穿在对军队建设的各领域全过程中又是怎样实现的。

从军队领导权的角度来看,党对军队的绝对领导必须在权力上得到有效贯彻,这就要求有个权力中心来统一施行对人民军队的最高领导权和指挥权,所以《决定》提出"坚持人民军队最高领导权和指挥权属于党中央"。[1]

而党中央对军队领导的核心权力要贯穿军队内部,就需要有军队内部党的建设相关制度的构建来深入落实。因此,《决定》就提出"健全人民军队党的建设制度体系"。[2] 军队内部党的建设制度体系构建后,领导权在军队中的贯彻有了制度保障,而在具体落实过程中还需要将权力通过组织和制度在军队建设各方面进行传导。因此,《决定》就提出要"把党对人民军队的绝

---

[1] 《中共中央关于坚持和完善中国特色社会主义制度 推进国家治理体系和治理能力现代化若干重大问题的决定》,人民出版社,2019年,第34页。
[2] 同上。

对领导贯彻到军队建设各领域全过程"。①

上述内容就是新时代坚持和完善党对人民军队的绝对领导制度的逻辑与结构。紧接着就要具体来看该逻辑是通过怎样的制度构建来贯彻落地的。

三、坚持人民军队最高领导权和指挥权属于党中央

《决定》针对"坚持人民军队最高领导权和指挥权属于党中央"②提出,"中央军委实行主席负责制是坚持党对人民军队绝对领导的根本实现形式"。③ 这也就是说,通过中央军委实行主席负责制而形成权力中心,这是党对军队的绝对领导的根本实现形式。那么,党中央的这个权力中心要得到有效维护,就必须要有相应的方式予以落地。

从领导权力的内容来看,《决定》提出必须"坚持全国武装力量由军委主席统一领导和指挥"④,这是权力的内容及有关的职责和要求。那么,这个领导权力所要求的权威性如何得到维护?《决定》中提出两个方面,一是从制度层面来维护,二是从纪律层面来维护。

如何从制度层面来维护?《决定》提出要"完善贯彻军委主席负责制的体制机制,严格落实军委主席负责制各项制度规定"。⑤

---

① 《中共中央关于坚持和完善中国特色社会主义制度 推进国家治理体系和治理能力现代化若干重大问题的决定》,人民出版社,2019年,第34页。
② 同上。
③ 同上。
④ 同上。
⑤ 同上。

这就在制度上保证了军委主席负责制能够切实落地,有效实现。

如何从纪律层面来维护?《决定》提出要通过"严明政治纪律和政治规矩,坚决维护党中央、中央军委权威,确保政令军令畅通"。① 这就意味着,仅有制度还不够,还得从组织纪律层面来进一步强化和维护。

四、健全人民军队党的建设制度体系

《决定》针对军队内部党的建设提出要"健全人民军队党的建设制度体系"。② 那么,这个军队内部的党的建设的制度体系怎么来建设?实际上是从四个维度展开。

从价值维度来看,《决定》提出必须"全面贯彻政治建军各项要求,突出抓好军魂培育,发扬优良传统,传承红色基因,坚决抵制'军队非党化、非政治化'和'军队国家化'等错误政治观点"。③ 要做到政治上坚定,就需要在价值上明晰。

从制度维度来看,有了明晰的价值导向,就必须以制度化的方式将其落实,使这种党的内部权力运行有效化。《决定》提出"坚持党委制、政治委员制、政治机关制,坚持党委统一的集体领导下的首长分工负责制"。④ 该项制度是我党建军以来长期探索出来的行之有效的制度性安排,在新时代条件下把它确认下来意义重大。

从组织维度上看,《决定》提出"坚持支部建在连上,完善党

---

① 《中共中央关于坚持和完善中国特色社会主义制度 推进国家治理体系和治理能力现代化若干重大问题的决定》,人民出版社,2019年,第34页。
② 同上。
③ 同上。
④ 同上。

领导军队的组织体系"。① 这是实现党指挥枪的组织保障的基础,是我军在每一个历史时期在党的领导下赢得胜利的组织保障。

以上所有的价值、制度、组织最终都要由人来落实,而且要抓住关键少数,也就是干部。基于干部的重要性,《决定》专门提出要"建设坚强有力的党组织和高素质专业化干部队伍,确保枪杆子永远掌握在忠于党的可靠的人手中"。②

由此可见,军队内部党的建设就是靠价值、制度、组织、干部四个维度把它落实下来,这些在《决定》中都作出了非常明确规定。

五、把党对人民军队的绝对领导贯彻到军队建设各领域全过程

党对人民军队的绝对领导在领导权威确立以及通过军队内部党建的方式落地后,又如何具体落实到推动军队建设的方方面面?《决定》就提出,要"把党对人民军队的绝对领导贯彻到军队建设各领域全过程"。③ 这也就意味着,军队内部的党建工作不是为党建而党建,而是为了让党的领导真正在军队建设中发挥作用。

那么这一作用怎么实现?这就要通过相应的政策制度体系的构建将党的领导在军队建设中具体落实下来,《决定》中规定

---

① 《中共中央关于坚持和完善中国特色社会主义制度　推进国家治理体系和治理能力现代化若干重大问题的决定》,人民出版社,2019年,第34页。
② 同上。
③ 同上。

了三个方面的政策制度体系。

第一,军事力量运用政策制度体系。《决定》中提出"贯彻新时代军事战略方针,坚持战斗力根本标准,建立健全基于联合、平战一体的军事力量运用政策制度体系"①,从具体内容方面上看,主要涉及两个方面,一是要"构建新时代军事战略体系"②,二是要"调整完善战备制度"。③ 从军事战略体系的角度来看就要"加强联合作战指挥体系和能力建设"。④ 从调整完备战略制度的角度来看就必须"健全实战化的军事训练制度"。⑤ 那么,这些军事力量运用政策制度体系构建的目的是什么?《决定》明确规定要"有效塑造态势、管控危机、遏制战争、打赢战争"。⑥ 以这样的目的来进行军事力量相应的制度体系的构建。

第二,军事力量建设政策制度体系。这一政策制度体系的构建必须坚持一些基本的原则,《决定》提出要"坚持以战领建、抓建为战,建立健全聚焦打仗、激励创新、军民融合的军事力量建设政策制度体系"⑦,所有的军事力量建设目的是打仗,不是摆谱。所以,"以战领建、抓建为战"⑧这一聚焦打仗的目的就成为我国整个军事力量建设政策制度体系构建的统领性思想。那么,在具体建设的举措上如何操作?

---

① 《中共中央关于坚持和完善中国特色社会主义制度 推进国家治理体系和治理能力现代化若干重大问题的决定》,人民出版社,2019年,第34页。
② 同上。
③ 同上书,第34—35页。
④ 同上书,第34页。
⑤ 同上书,第35页。
⑥ 同上。
⑦ 同上。
⑧ 同上。

《决定》明确了三个方面的举措,且都是在统筹上下功夫。一是"统筹解放军现役部队和预备役部队、武装警察部队、民兵建设"①;二是"统筹军队各类人员制度安排"②;三是"深化军官职业化制度、文职人员制度、兵役制度等改革"。③ 这也就意味着,我国现在的军事力量建设已经不是游击战阶段的状态,带一些兵打打仗就可以了,而是已经进入了涉及方方面面的系统工程建设的层面,所以必须在统筹上下功夫。这些统筹性工作要实现的目的是什么?《决定》明确了其目的就是要"推动形成现代化战斗力生成模式,构建现代军事力量体系"。④一方面是军事力量的运用,另一方面是军事力量的建设。要保证军事力量的运用和建设两方面的落地,就要进行有效的军事管理。

第三,军事管理政策制度体系。这一制度体系构建所要坚持的原则是什么?《决定》明确要"建立健全精准高效、全面规范、刚性约束的军事管理政策制度体系"。⑤ 军事管理又可以分成三个维度来看,一是战略管理,二是法治建设,三是具体运行的效能。《决定》中都作出了明确规定,在战略管理方面提出要"强化军委战略管理功能"⑥,在法治建设方面提出要"加强中国特色军事法治建设"⑦,在运行效能方面提出要"提高军队系统

---

① 《中共中央关于坚持和完善中国特色社会主义制度 推进国家治理体系和治理能力现代化若干重大问题的决定》,人民出版社,2019年,第35页。
② 同上。
③ 同上。
④ 同上。
⑤ 同上。
⑥ 同上。
⑦ 同上。

运行效能"。① 这也就意味着,军事管理要同时在战略管理、法治保障、整体运行等方面下功夫,推动管理工作的制度化。

在军事管理之外,还有一个军民融合的问题。从战略的维度来看,《决定》提出必须"加快军民融合深度发展步伐,构建一体化国家战略体系和能力"②,这是从战略部署方面提出的必然要求。具体内容可以从武器和人员两个维度来看。在武器方面必须要从军民融合的角度来"完善国防科技创新和武器装备建设制度"③,在人员方面要"深化国防动员体制改革。加强全民国防教育。健全党政军警民合力强边固防工作机制。完善双拥工作和军民共建机制,加强军政军民团结"。④ 打仗是需要人员的,战士来自广大人民群众,这就需要我国在国防教育、国防动员等方面以新时代的要求来进行全面改革,创新相应的机制。只有这样才能够真正地保证新时代的军队建设任务得到有效落实。

六、 结语

上述内容围绕"党指挥枪",从党对军队的绝对领导的落实所涉及的制度体系建设的相关内容进行了梳理和分析。从中可以发现,"党指挥枪"不是抽象的,而是非常具体的,需要在新的历史条件下,根据新时代的要求,根据上述制度体系的内容来具

---

① 《中共中央关于坚持和完善中国特色社会主义制度 推进国家治理体系和治理能力现代化若干重大问题的决定》,人民出版社,2019年,第35页。
② 同上。
③ 同上。
④ 同上。

体落实。既要在保证党对军队绝对领导过程中的政治性、权威性,还要根据军队自身建设的要求将这种领导具体推动落实下来。只有如此,才能够真正做到党切实地指挥枪,并且通过党指挥枪,使我国军队的战斗力、整体国防力量得到大大的增强,使政治和军事有机地结合起来,从而完成新时代军队建设的使命与任务。

第十二讲

一国两制

本讲我们要讨论的主要内容就是关于"一国两制"制度体系的坚持和完善。这一制度体系关系到祖国的主权完整与和平统一，是事关中华民族伟大复兴的重大问题。党的十九届四中全会强调，"'一国两制'是党领导人民实现祖国和平统一的一项重要制度，是中国特色社会主义的一个伟大创举"。① 这一制度的基本逻辑、主要内涵、制度设置是我们本讲要具体讨论的问题。

一、坚持和完善"一国两制"制度体系的基本逻辑

党的十九届四中全会指出，我们要坚持和完善"一国两制"制度体系，推进祖国和平统一。我们要理解"一国两制"制度体系的基本逻辑，就必须回到祖国统一这一历史起点和逻辑起点上来。1949年10月1日，中华人民共和国成立，但是国家统一的问题尚未完全得到解决。没有解决的这个统一问题，当时坚持的原则是什么？虽然不放弃使用武力，但是我们希望能够通过和平的方式来解决。在"和平统一"命题落实的过程中，就涉及一系列的重大问题，关系到国家主权、和平统一。涉及主权问题时，邓小平同志有一句话非常经典，那就是："主权问题不是一个可以讨论的问题。"也就是说，涉及祖国统一问题的时候，必须坚持国家主权。在国家主权的基础上，可以采取多种方式有效地实现国家统一。

---

① 《中共中央关于坚持和完善中国特色社会主义制度　推进国家治理体系和治理能力现代化若干重大问题的决定》，人民出版社，2019年，第35—36页。

有了"和平统一"的命题之后,如何来安顿统一之后的一系列制度安排?这项重要的制度性安排就是"一国两制"。所谓的"一国两制",即在统一的国家之内,国家主体实行社会主义制度,个别地区依法实行资本主义制度。党的十九届四中全会强调,"'一国两制'是党领导人民实现祖国和平统一的一项重要制度,是中国特色社会主义的一个伟大创举"。①

为什么说它是伟大的创举?因为历史上但凡收复失地都要大动干戈,这似乎成为重要的历史定式。但是,按照"一国两制"的伟大构想,对香港、澳门实现和平回归没有出现大动干戈的现象。因此,在中国实现和平统一的过程中,"一国两制"已经显示出制度优势。接下来的问题是对尚未和平统一的台湾问题的解决,对该问题也同样要坚持将"和平统一、一国两制"作为解决台湾问题的基本方针和实现国家统一的最佳方式。

在此基础上,必须进一步地理解"一国两制"制度中的一对关系。这一对关系就是"一国"与"两制"的关系。《决定》非常明确地指出,"必须坚持'一国'是实行'两制'的前提和基础,'两制'从属和派生于'一国'并统一于'一国'之内"。② 同时,《决定》强调,要"严格依照宪法和基本法对香港特别行政区、澳门特别行政区实行管治,坚定维护国家主权、安全、发展利益,维护香港、澳门长期繁荣稳定,绝不容忍任何挑战'一国两制'底线的行为,绝不容忍任何分裂国家的行为"。③

---

① 《中共中央关于坚持和完善中国特色社会主义制度 推进国家治理体系和治理能力现代化若干重大问题的决定》,人民出版社,2019年,第35—36页。
② 同上书,第36页。
③ 同上。

在理解了党的十九届四中全会关于"一国两制"制度逻辑的内容后,我们就需要了解《决定》对坚持和完善"一国两制"制度体系的制度设置是怎么安排的? 不难看出整体制度结构还是从"一国两制"和"和平统一"之间的关系之中来安排。但是,对已经推动的和正在推动的"一国两制"要分开来看。一方面是对已经和平回归的"一国两制"制度如何进一步完善;另一方面是对尚未和平统一的"一国两制"制度的构建应该如何去推动落实。

对已经和平回归的香港、澳门特别行政区的"一国两制"制度体系的坚持和完善,《决定》有两个方面的制度性安排。一是要"全面准确贯彻'一国两制'、'港人治港'、'澳人治澳'、高度自治的方针"[①]。二是要"健全中央依照宪法和基本法对特别行政区行使全面管治权的制度"。[②]

对尚未和平统一的台湾地区的制度构建工作,《决定》重点提到要坚定推进祖国和平统一的进程。

二、 全面准确贯彻"一国两制"、"港人治港"、"澳人治澳"、高度自治的方针

关于全面准确贯彻落实"一国两制"、"港人治港"、"澳人治澳"、高度自治的方针的制度,其实可以从法治、制度、主体和能力四个基本维度来理解。

首先从法治的维度来讲,《决定》指出,要"坚持依法治港治

[①]《中共中央关于坚持和完善中国特色社会主义制度 推进国家治理体系和治理能力现代化若干重大问题的决定》,人民出版社,2019 年,第 36 页。
[②] 同上。

澳，维护宪法和基本法确定的宪制秩序"。①《决定》从三个方面有机统一地具体阐释了这一宪制秩序的落实。一是要"把坚持'一国'原则和尊重'两制'差异"②结合起来。二是要把"维护中央对特别行政区全面管治权和保障特别行政区高度自治权"③结合起来。三是要把"发挥祖国内地坚强后盾作用和提高特别行政区自身竞争力"④结合起来。

其次从制度的维度来讲，《决定》指出，要"完善特别行政区同宪法和基本法实施相关的制度和机制"。⑤也就是说，要有与宪法和基本法相匹配的制度落地，才能够使宪制有效运行起来。

再次从主体的维度来讲，《决定》强调，要"坚持以爱国者为主体的'港人治港'、'澳人治澳'"。⑥制度是由人来运作的，因此还必须强调制度运行的主体是遵守宪制基本原则和精神的。

最后从能力的维度来讲，《决定》指出，要"提高特别行政区依法治理能力和水平"⑦，这也是保证香港和澳门特别行政区宪制可持续发展的重要基础。

三、健全中央依照宪法和基本法对特别行政区行使全面管治权的制度

这部分我们讨论关于健全中央依照宪法和基本法对特别行

---

① 《中共中央关于坚持和完善中国特色社会主义制度 推进国家治理体系和治理能力现代化若干重大问题的决定》，人民出版社，2019年，第36页。
② 同上。
③ 同上。
④ 同上。
⑤ 同上。
⑥ 同上。
⑦ 同上。

政区行使全面管治权的制度。《决定》主要从五个方面对这一制度进行了整体部署和明确。

第一,从中央权力的方面来看,主要包括三部分制度内容。一是要"完善中央对特别行政区行政长官和主要官员的任免制度和机制"。① 二是要完善"全国人大常委会对基本法的解释制度"。② 三是中央要"依法行使宪法和基本法赋予中央的各项权力"。③

第二,从特别行政区权力的方面来看。在健全中央依照宪法和基本法对特别行政区行使全面管治权的制度背景下,《决定》主要强调了特别行政区两方面的重要权力。一是要"建立健全特别行政区维护国家安全的法律制度和执行机制,支持特别行政区强化执法力量"。④ 二是要"健全特别行政区行政长官对中央政府负责的制度,支持行政长官和特别行政区政府依法施政"。⑤ 这两个方面是特区对中央的政治责任,也是特区自身拥有的政治权力。

第三,从香港、澳门与内地协同发展的方面来看。这方面主要有香港、澳门融入内地发展和内地支持香港、澳门发展两个基本维度。一是《决定》指出,要"完善香港、澳门融入国家发展大局、同内地优势互补、协同发展机制,推进粤港澳大湾区建设"。⑥ 二是《决定》指出,要"支持香港、澳门发展经济、改善民

---

① 《中共中央关于坚持和完善中国特色社会主义制度　推进国家治理体系和治理能力现代化若干重大问题的决定》,人民出版社,2019年,第36页。
② 同上书,第36—37页。
③ 同上书,第37页。
④ 同上。
⑤ 同上。
⑥ 同上。

生,着力解决影响社会稳定和长远发展的深层次矛盾和问题"。①

第四,从国家意识培养的方面来看。《决定》指出,要"加强对香港、澳门社会特别是公职人员和青少年的宪法和基本法教育、国情教育、中国历史和中华文化教育,增强香港、澳门同胞国家意识和爱国精神"②,即从价值层面、文化层面、精神层面培养国家意识和爱国主义精神。

第五,从国家安全的方面来看。《决定》指出,要"坚决防范和遏制外部势力干预港澳事务和进行分裂、颠覆、渗透、破坏活动,确保香港、澳门长治久安"。③

四、 坚定推进祖国和平统一进程

这部分我们要讨论涉及"一国两制"中关于尚未统一的台湾问题的制度内容。党的十九届四中全会强调,"解决台湾问题、实现祖国完全统一,是全体中华儿女共同愿望,是中华民族根本利益所在"。④ 因此,在总的原则上,祖国统一是必然的,在这一点上,是没有商量余地的。而要实现这个目标,就需要有一系列的制度安排和过程去推动和实现。

具体而言,在推动解决台湾问题的制度性安排上主要由两个方面构成。一方面,《决定》指出,要"完善促进两岸交

---

① 《中共中央关于坚持和完善中国特色社会主义制度 推进国家治理体系和治理能力现代化若干重大问题的决定》,人民出版社,2019年,第37页。
② 同上。
③ 同上。
④ 同上。

流合作、深化两岸融合发展、保障台湾同胞福祉的制度安排和政策措施"①;另一方面,《决定》指出,要"团结广大台湾同胞共同反对'台独'、促进统一"。② 这两方面的制度内容是相互联系、有机统一的。

此外,我们还需要考虑统一之后的制度性安排,实质上就是讲"一国两制"未来在台湾怎么实现的问题。对此,《决定》指出,要"在确保国家主权、安全、发展利益的前提下,和平统一后,台湾同胞的社会制度和生活方式将得到充分尊重,台湾同胞的私人财产、宗教信仰、合法权益将得到充分保障"。③

五、 结语

我们分析了对已经和平回归的香港、澳门地区的"一国两制"制度的落实问题,以及尚未和平统一的台湾地区的"一国两制"制度建构问题。在对这两个方面做了分析之后,我们可以非常清楚地看到,"一国"和"两制"的关系在党的十九届四中全会《决定》中得到了比较好的制度性安排,也将国家主权的问题和有效实现统一的问题做了比较合理的历史安排。

前面讲到,"一国两制"是一项伟大的创举,体现了我们中华民族的智慧,也体现了中国特色社会主义的制度优越性。一方面,它坚定地坚持了祖国统一的基本原则和立场;另一方面,它又能够很好地照顾到祖国统一过程中的历史和现实情况。应当

---

① 《中共中央关于坚持和完善中国特色社会主义制度 推进国家治理体系和治理能力现代化若干重大问题的决定》,人民出版社,2019年,第37页。
② 同上。
③ 同上书,第37—38页。

说,"一国两制"制度的实践过程为世界和平贡献了卓越的中国智慧。进入新时代,我们要坚定不移地推动"一国两制"、实现祖国统一,既要坚持和完善在已经和平回归的香港、澳门地区的"一国两制"的落实,也同时要用"一国两制"的智慧来解决台湾问题,实现祖国完全统一。

第十三讲

和平外交

外交工作是党和国家的一项重要工作,中华人民共和国成立以来,中国始终奉行独立自主的和平外交政策。随着中国特色社会主义进入新时代,我国的国家和社会发展进入到新阶段,外交工作也应与国家和社会整体发展相适应,因此就需要在坚持和平外交原则的同时,赋予外交工作新的内涵,并通过完善相应的制度机制将新时代外交工作的理念、战略和目标落实下来。党的十九届四中全会通过的《决定》指出:"要坚持和完善独立自主的和平外交政策,推动构建人类命运共同体。"[1]要理解和平外交的当代内涵,就需要从把握外交在整个党和国家事业中的作用出发,来把握新时代外交工作的理念、战略和目标,进而理解其中具体的工作布局和相应的制度安排。

一、 国家发展、和平外交和人类命运共同体构建

《决定》指出:"推动党和国家事业发展需要和平的国际环境和良好的外部条件。"[2]为了营造这种和平的国际环境和良好的外部条件,就需要开展相应的外交工作。因此,外交工作要服务于党和国家事业发展的需要,外交工作的战略任务必须根据党和国家事业发展的总体战略做出相应的安排。

事实上,对于任何国家而言,外交都是围绕国家政权的整体战略目标而展开的。由于不同国家所处的历史环境不同,发展

---

[1] 《中共中央关于坚持和完善中国特色社会主义制度 推进国家治理体系和治理能力现代化若干重大问题的决定》,人民出版社,2019年,第38页。
[2] 同上。

阶段不同，所秉持的价值理念不同，各国的外交理念和外交政策也因而各有差异。我国每个阶段的外交工作也都是与当时党和国家事业发展的战略相适应的，并且始终强调和平的国际环境和良好的外部条件对于党和国家事业发展的重要意义。新中国成立之初，我国就提出和平共处五项原则，并形成了独立自主的和平外交政策，有力支持了我国的社会主义改造和社会主义建设事业。改革开放之初，邓小平同志就指出，和平与发展是当今世界的两大主题。正是得益于相对和平稳定的外部环境，我国的改革开放取得了举世瞩目的成就，经济社会实现了持续快速发展。如今，中国正朝着决胜全面建成小康社会、建设社会主义现代化强国的目标迈进，就更需要强调和平国际环境和良好外部条件对党和国家事业发展的重要意义，就更需要强调中国在维护世界和平和促进共同发展中的重要作用。

外交不是简单的外事活动，它必须服从于党和国家整体事业的发展，统筹国内和国际两个大局。一方面，外交工作要立足我国现实国情和经济发展水平，维护国家利益，承担国际责任，为国际社会发展作出自己应有的贡献；另一方面，外交工作也要立足当前国际形势，抓住机遇，克服挑战，为我国经济社会发展和现代化建设创造有利的外部环境。对此，《决定》指出："必须统筹国内国际两个大局，高举和平、发展、合作、共赢旗帜。"[1]其中，和平的国际环境既是我国国内发展所需要的，同时也是我国始终努力维护和捍卫的；发展既包括本国的发展，也包括各国的

---

[1] 《中共中央关于坚持和完善中国特色社会主义制度　推进国家治理体系和治理能力现代化若干重大问题的决定》，人民出版社，2019年，第38页。

共同发展;合作既是实现共同发展的方式,也是共同应对全球性问题的方式;共赢意味着义利兼得、以义为先的义利观,意味着互利共赢而非零和博弈的理念,由此才能通过合作与共赢实现和平与发展。

基于这一理念,《决定》提出了推动和平外交工作必须坚定不移遵循的两个方面的原则。一是对本国发展来讲,要"坚定不移地维护国家主权、安全、发展利益";二是对整个世界和整个人类社会发展来讲,要"坚定不移地维护世界和平,促进共同发展"。[①] 这两方面原则是有机统一、不能偏废的,只有坚定不移将这两项原则贯彻到整个外交事业的全过程之中,才能实现统筹国际国内两个大局,使外交工作服务于党和国家整体事业的发展。

二、《决定》关于坚持和完善独立自主的和平外交政策的逻辑与结构

在明确了外交工作的战略和原则之后,就要通过具体制度安排将其落实落地,形成实效。如前所述,《决定》明确了外交事业的基本理念是必须坚持和完善独立自主的和平外交政策,推动构建人类命运共同体。这就意味着,为了我国自身事业的发展,必须坚持独立自主的和平外交政策;而对整个人类和世界发展来讲,必须推动构建人类命运共同体。和平外交就是要使这两个方面有机统一,既不能不顾我国自身利益和发展阶段,必须

---

① 《中共中央关于坚持和完善中国特色社会主义制度 推进国家治理体系和治理能力现代化若干重大问题的决定》,人民出版社,2019年,第38页。

坚持外交政策的独立自主性;也不能只顾自身利益,必须兼顾各国的共同利益和人类的共同命运。

这一外交理念要落实落地,要具有现实可操作性,就必须建立健全相应的制度性安排。首先,必须明确外交工作的领导权归属,对此,《决定》提出,要"健全党对外事工作领导体制机制。坚持外交大权在党中央"。① 这就明确了领导维度的制度安排。"党政军民学,东西南北中,党是领导一切的。"②外交工作同样也必须坚持党中央集中统一领导。同时,参与外交和对外交往活动的主体是多元的,既有官方的,也有民间的,既有正式的,也有非正式的。只有坚持党的领导,才能实现总揽全局,协调各方。

其次,要完善全方位外交布局,其核心目标是实现共赢。只有共赢,才能够使国际国内两个大局实现有机统一,外交工作才能够既服务于党和国家整体事业,又能够促进人类共同发展。在共赢目标下,中国得以与不同规模、不同社会性质、不同发展阶段的国家以及各类国际组织建立起各种合作模式和机制,形成了包括周边是首要、大国是关键、发展中国家是基础、多边是舞台等内涵的全方位外交格局。

再次,要推进合作共赢的开放体系建设。为此,必须坚持互利共赢的开放战略,通过扩大开放、构建各种双边和多边的合作关系等方式,与世界各国共同分享中国改革发展的机遇。在拓

---

① 《中共中央关于坚持和完善中国特色社会主义制度　推进国家治理体系和治理能力现代化若干重大问题的决定》,人民出版社,2019年,第38页。
② 《决胜全面建成小康社会　夺取新时代中国特色社会主义伟大胜利——在中国共产党第十九次全国代表大会上的报告》,人民出版社,2017年,第20页。

宽对外开放的同时要健全安全保障体系,既要充分保障外国企业和人员在我国的合法权益,也要加强保障"走出去"过程中的安全性,更好保护我国的海外利益。

最后,要积极参与全球治理体系改革和建设。推动合作共赢除了扩大开放,还要负起对全球的责任,要服务于人类命运共同体的建构,要使全球治理体系既更加公平合理,又更加有力有效。在参与全球治理的过程中,同样需要统筹国际国内两个大局,既要根据我国综合国力的不断增强而在全球治理中发挥更加积极的作用,也要立足作为发展中国家的现实国情,承担相应的国际责任。

由此,这四个方面就构成了和平外交政策的制度化体系的内容。

三、 健全党对外事工作领导体制机制

具体而言,对于健全党对外事工作领导体制机制,《决定》围绕以下三个方面进行展开。第一,在权力归属上,必须坚持外交大权在党中央。要坚持党中央对外交工作的集中统一领导,充分发挥党的领导在外交工作中总揽全局、协调各方的优势。第二,必须加强中国特色大国外交理论建设。理论建设是形成科学决策的依据,要在马克思主义指导下,充分借鉴现代外交理论成果,形成完善与新时代中国特色社会主义相适应的大国外交理论体系。第三,在理论的指导之下,一旦党中央做出决策,就必须全面贯彻党中央外交大政方针和战略部署。概括来说,就是通过权力、理论、决策三个维度,以及决策的推动、部署、落实三个方面来解决外交大权和外交大政的问题。

有了明确的"大权"和"大政"之后,就要涉及相应的体制和格局。《决定》分三点对这一问题进行说明。第一,必须"深入推进涉外体制机制建设"。① 第二,体制机制的有效性关键在于外交工作中的参与主体在这一套体制机制下是否能够有效运转,协同配合。为此,必须"统筹协调党、人大、政府、政协、军队、地方、人民团体等的对外交往"。② 第三,各参与主体在开展对外交往的过程中,还必须"构建相应的格局"。③ 为此,必须加强党总揽全局、协调各方的对外工作大协同格局。各参与主体不能各自为政,应该在党的总揽全局、协调各方的基础上,相互支持,相互配合,有效衔接,步调一致,使多方参与主体在各自对外交往中不会"打架",而是统一在党的领导之下,纳入统一的大协同的格局之中,在充分整合各方力量的基础上有效运转,形成外交格局的合力。

除了对内的格局建构,在外事工作中,还需要完善涉外的相应制度建设。没有规矩,不成方圆。跟别人打交道,也要有相应的制度性、法治性的规范,这就涉及涉外法治建设和国际法运用的问题。《决定》就此问题讲到四点。第一,要"加强涉外法治工作";第二,要"建立涉外工作法务制度";第三,要"加强国际法研究和运用";第四,要"提高涉外工作法治化水平"。④

四、 完善全方位外交布局

在外交大权大政、外事体制机制和大协同格局确定之后,就

---

① 《中共中央关于坚持和完善中国特色社会主义制度　推进国家治理体系和治理能力现代化若干重大问题的决定》,人民出版社,2019年,第38页。
② 同上。
③ 同上。
④ 同上。

要以此为基础开展实际的外交活动。外交活动是纷繁复杂的，其成败关键在于不能陷入零碎的、散点的外交活动，而是要将各项外交活动有机整合起来，形成体系化的外交布局。对我国而言，就是要完善全方位的外交布局。为此，必须强调三个"和平"，即和平道路、和平手段、和平力量，这三者构成了全方位外交布局的内涵和维度。

首先，就和平道路而言，《决定》提出，必须"坚定不移走和平发展道路"。① 为此，一是要坚持在和平共处五项原则基础上全面发展同各国的友好合作。1953年，周恩来总理首次提出和平共处五项原则，即互相尊重主权和领土完整、互不侵犯、互不干涉内政、平等互利、和平共处。此后，这不仅成为中国始终坚持的外交原则，也逐渐被绝大多数国家接受，成为规范国际关系的重要准则。二是要坚持国家不分大小、强弱、贫富一律平等的原则。

外交工作其实就是不同的国家主体以及各类国际主体间关系的构建，因此，走和平发展道路落实到具体外交工作内容上，一是要推动建设相互尊重、公平正义、合作共赢的新型国际关系，二是要积极发展全球伙伴关系，三是要维护全球战略稳定，反对一切形式的霸权主义和强权政治。

其次，就和平手段而言，《决定》指出，一方面，在具体的外交手段上，要坚持通过对话协商、以和平手段解决国际争端和热点难点问题；另一方面，要反对动辄使用武力或以武力相威胁，这

---

① 《中共中央关于坚持和完善中国特色社会主义制度　推进国家治理体系和治理能力现代化若干重大问题的决定》，人民出版社，2019年，第38—39页。

是与上述反对霸权主义和强权政治的原则相一致的。

最后,就和平力量而言,《决定》指出,必须"坚持奉行防御性的国防政策,永远不称霸,永远不搞扩张,永远做维护世界和平的坚定力量"。① 也就是说,我国在国际交往过程中、在整个国际社会和人类命运共同体建构过程中,要始终做维护和平的力量。这不仅是基于我国的发展战略,以及基于和平的国际环境有利于我国自身的发展,更是基于中国共产党和中国政府始终坚持的以人民为中心的价值理念,以及由此对世界各国人民和人类整体命运的关怀。这与那些只顾本国利益和资本利益的外交理念,与那些动辄以武力相威胁甚至悍然使用武力的做法,是本质不同的。

五、 推进合作共赢的开放体系建设

有了外交布局之后,接着就要构建相应的体系,对我国而言,就是要推进合作共赢的开放体系建设。改革开放包括对内改革和对外开放,正是在不断深化对内改革和不断扩大对外开放的过程中,中国通过融入全球化赢得了实现自身发展的机遇,也向世界释放出实现共同发展的机遇。中国对外开放的大门一旦打开,就不可能再关上,而是会越开越大,因此就需要在逐步扩大开放的过程中推进开放体系建设。这一体系具体包含两个方面:一是开放战略,它针对的是如何布局的问题;二是开放安全,它针对的是对外开放中可能面临的安全威胁。对外开放既

---

① 《中共中央关于坚持和完善中国特色社会主义制度 推进国家治理体系和治理能力现代化若干重大问题的决定》,人民出版社,2019 年,第 39 页。

包括"引进来",也包括"走出去"。开放安全既要有效保障"引进来"过程中的外国人员和企业在华合法权益,构建高质量的开放体系,也要有效保障"走出去"过程中我国的海外利益,提高防范风险的能力。因此,开放战略和开放安全就成为开放体系建设的两个维度。

开放战略主要包含以下五个方面内容。第一,就战略内容而言,《决定》指出,必须"坚持互利共赢的开放战略"。① 互利共赢是整体外交理念在开放体系建设中的体现,就"引进来"而言,中国愿意与各国分享改革发展的红利;就"走出去"而言,中国倡导共享全球化的发展机遇,反对零和博弈,促进共同繁荣。第二,就战略重点而言,《决定》提出,要"推动共建'一带一路'高质量发展"。② 自 2013 年习近平主席先后提出建设"新丝绸之路经济带"和"21 世纪海上丝绸之路"的合作倡议以来,中国始终秉持互利共赢的理念,积极发展与沿线国家的政治互信、经济合作和文化交流,取得了丰硕的成果。如今,共建"一带一路"要迈向高质量发展,成为开放体系建设的重要战略支撑。第三,就经贸问题而言,具体要做好三项工作,一是要"维护完善多边贸易体制",二是要"推动贸易和投资自由化便利化",三是要"推动构建面向全球的高标准自由贸易区网络"。③ 第四,就发展问题而言,具体要做好两项工作,一是要"支持广大发展中国家提高自主发展能力",二是要在新的历史条件下,推动"解决全球发展

---

① 《中共中央关于坚持和完善中国特色社会主义制度 推进国家治理体系和治理能力现代化若干重大问题的决定》,人民出版社,2019 年,第 39 页。
② 同上。
③ 同上。

失衡、数字鸿沟等问题"。① 第五,就整体目标而言,以上这些具体工作,无论涉及经贸问题还是发展问题,都要整体性地"推动建设开放型的世界经济"②。

就开放安全而言,必须从整体上健全对外开放安全保障体系。其重点是要"构建海外利益保护和风险预警防范体系"。③ 具体而言,一是要"完善领事保护工作机制",二是要"维护海外同胞安全和正当权益",三是要"保障重大项目和人员机构安全"。④

六、 积极参与全球治理体系改革和建设

有了合作共赢的开放体系之后,还要负起相应的责任。这不仅仅是为了实现自身以及双边、多边的共赢,而且要做负责任大国,要对人类共同面对的全球性问题、对构建人类命运共同体尽到应有的责任。因此,《决定》提出,要"积极参与全球治理体系的改革和建设"。⑤

为此,要高举构建人类命运共同体旗帜,站在人类命运共同体高度来推动外交工作。秉持共商共建共享的全球治理观,倡导多边主义和国际关系民主化,推动全球经济治理机制变革。也就是说,这其中既包含价值理念,也包含国际关系格局和治理机制的变革。中国在推动人类命运共同体构建的过程中,始终

---

① 《中共中央关于坚持和完善中国特色社会主义制度 推进国家治理体系和治理能力现代化若干重大问题的决定》,人民出版社,2019年,第39页。
② 同上。
③ 同上。
④ 同上。
⑤ 同上。

坚持以人民为中心的价值理念,这里的"人民"既包括本国人民,也包括世界各国人民在内的全人类。因此,以人民为中心的价值理念既体现在我国国内各项事业中,也体现在全球发展范围内。这意味着,不能只顾本国利益和资本利益而不顾他国利益和人民利益,也不能只顾部分国家利益而忽视人类整体利益。只有始终坚持以人民为中心的价值理念,才能真正着眼于人类共同命运而推动全球治理体系建设,并推动全球治理体系朝着更加公平合理、有力有效的方向发展。

人类只有一个地球家园。然而,现代化的发展给气候和环境带来了一系列严峻的问题,各国必须正视这些全球治理问题,加强国际合作。对于全球治理问题,各国都负有责任,但由于各国实际情况不同,各国在各项具体全球治理问题上所承担的责任应该是有所差异的,既不应逃避责任,也不应不顾各国的能力和发展阶段而强加责任,这样的全球治理体系才是公平合理的。因此,《决定》指出,要推动在共同但有区别的责任、公平、各自能力等原则基础上开展应对气候变化国际合作。具体而言,一是要"维护联合国在全球治理中的核心地位",二是要"支持上海合作组织、金砖国家、二十国集团等平台机制化建设",三是要"推动构建更加公正合理的国际治理体系"。①

七、结语

通过对《决定》中关于和平外交政策以及构建人类命运共同

---

① 《中共中央关于坚持和完善中国特色社会主义制度 推进国家治理体系和治理能力现代化若干重大问题的决定》,人民出版社,2019年,第40页。

体的一系列理念、战略和工作内容的分析,我们体会到,对外交往工作不仅仅关系到我国自身发展,而且关系到人类整体命运。因此,既要统筹国内和国际两个大局,用和平方式来解决国际问题,也要遵循负责任大国的原则和理念。新时代的中国发展到当下阶段,无论是出于自身发展的需要,还是出于推动人类整体发展的需要,我们既要坚持这些理念和原则,也要在各项具体工作中予以落实。它的背后真正体现着中国共产党以人民为中心的理念。在国际层面上,我们也同样必须坚持以人民为中心,而不是像一些国家那样,动不动就"退群",动不动就强调单边利益;而应该站在人类整体的高度,负责任地构建面向未来的新型现代文明形态,在不断推动人类命运共同体构建过程中,中华民族的伟大复兴和良好国际环境的建构也就能一步一步地实现。

第十四讲

权力监督

在以上几讲中，我们对经济、政治、文化、社会、生态文明、国防、外交等各领域工作进行了分析，其中既包括战略布局和具体工作，也包括相应的制度建设。各项工作要能够推进落实，除了需要制度规范，还需要对权力的监督。同时，任何制度要保持持续的生命力，要被人们信服，还必须按照制度对权力进行严格监督。十九届四中全会以坚持和完善中国特色社会主义制度、推进国家治理体系和治理能力现代化为主题，提出一方面要进一步完善中国特色社会主义制度和国家治理体系建设，另一方面还必须加强和完善权力监督体系，使得权力依照制度受到监督和制约。对此，党的十九届四中全会通过的《决定》提出："必须坚持和完善党和国家监督体系，强化对权力运行的制约和监督。"[1]

一、监督权力、监督体系与为民执政

国家是围绕公共权力而建构起来的虚幻共同体，是用公共权力来管理社会、推动社会发展、建构社会秩序的政治组织。因此，公共权力就成为国家政治生活中的重要内容，国家的建立和运转本质上就是公共权力的建构和运行过程。人民既通过政治参与来实现公共权力的建构，也在公共权力运行过程中，接受公共管理，享受公共服务。如果公共权力用得好，就可以推动社会

---

[1] 《中共中央关于坚持和完善中国特色社会主义制度 推进国家治理体系和治理能力现代化若干重大问题的决定》，人民出版社，2019年，第40页。

发展,建构社会秩序,从而造福于民;但如果公共权力没有监督,就容易产生腐败,就会使公共权力被"用歪",人民群众就会对国家以及执政者不满,就会因此形成一系列的社会问题以及产生不稳定因素。党的十五大提出依法治国,党的十八届四中全会提出全面依法治国,既是要通过制度建设为权力运行提供规范,也是要用制度来对权力进行监督和制约,既确保权为民所用,也确保权力运行能够发挥实效。

中国共产党作为执政党,作为中国特色社会主义事业的领导核心,要始终代表最广大人民的根本利益,要永葆先进性、纯洁性,实现党的自我革命,也同样需要对权力进行有效监督。党的十八大以来,党中央大力加强全面从严治党,保持高压反腐态势,用制度对权力进行监督和制约,对违反党纪国法的行为予以严惩,以此作为加强党的长期执政能力建设的重要内容。

可见,要有效地运用公共权力,就必须加强对公共权力的监督,而要监督公共权力,就必须建构相应的体系,使监督实现制度化。《决定》指出,"党和国家监督体系是党在长期执政条件下实现自我净化、自我完善、自我革新、自我提高的重要制度保障"。[1]

那么,应该建成怎样的监督体系呢?《决定》指出,"必须健全党统一领导、全面覆盖、权威高效的监督体系"。[2] 这是对监督体系的总体定位。这一监督体系健全之后,还必须在效果上下功夫。因此,要"增强监督严肃性、协同性、有效性"。此外,尽

---

[1] 《中共中央关于坚持和完善中国特色社会主义制度 推进国家治理体系和治理能力现代化若干重大问题的决定》,人民出版社,2019年,第40页。
[2] 同上。

管监督体系的建立健全可以对权力进行有效的监督,但权力在具体运行过程中,还可能会出现偏差。因此,必须"形成决策科学、执行坚决、监督有力的权力运行机制"。也就是说,权力监督体系既要对权力运行进行监督,同时权力运行本身的制度也要确立起来,使权力能够更加科学有效地运行,"确保党和人民赋予的权力始终用来为人民谋幸福"。①

二、《决定》关于坚持和完善党和国家监督体系的逻辑与结构

基于以上的基本视角和基本观点,《决定》对坚持和完善党和国家监督体系做出了一系列的制度性安排。这些制度性安排的逻辑思路是基于上述对监督体系的总体论述而形成的,也即一以贯之地、坚定不移地全面从严治党,在此基础上,坚持和完善党和国家监督体系,强化对权力运行的制约和监督。也就是说,所有工作的前提必须是全面从严治党,要在总体推进全面从严治党的基础上统筹推进相应的监督体系建设,同时对权力运行进行有效的制约和监督。因此,监督体系建设既要与全面从严治党各项工作有效衔接,发挥好用制度力量管党治党的重要作用,也要与中国特色社会主义各项制度相衔接,有效嵌入各项制度并成为其中的有机组成部分。

就其结构而言,坚持和完善党和国家监督体系,一是必须健全党和国家监督制度,二是必须完善权力配置和运行制约机制。

---

① 《中共中央关于坚持和完善中国特色社会主义制度 推进国家治理体系和治理能力现代化若干重大问题的决定》,人民出版社,2019年,第40页。

在这两个方面确立的基础上,为了进一步防止腐败问题,就必须构建一体推进不敢腐、不能腐、不想腐体制机制。于是,监督体系在结构上包含了权力监督、权力制约和反对腐败三个方面的内容。

三、 健全党和国家监督制度

要健全党和国家的监督制度,首先要进一步完善监督体系自身的建构,具体包括三个方面的内容。一是要完善党内监督体系。为此,党的十八大以来,党中央高度重视党内法规建设,制定和修订了一系列有关党内监督体系的制度规范,例如党的十八届六中全会审议修订了《中国共产党党内监督条例》,不断完善党内监督体系的制度规范。

二是要落实各级党组织监督责任。也就是说,监督的主体责任是由各级党组织来承担的。监督体系建设要坚持党中央集中统一领导,但抓好监督工作、承担监督责任不能只靠党中央,而是要由各级党组织共同来落实。其中,党中央负责中央管理范围内的监督工作,各级党组织则要向中央看齐,严格落实本级职权范围内的监督责任,从而形成监督责任体系。

三是要保障党员监督权利。例如,《中国共产党党内监督条例》就规定,党员应当本着对党和人民事业高度负责的态度,积极行使党员权利,履行监督义务,包括在党的会议上有根据地批评党的任何组织和任何党员,揭露和纠正工作中存在的缺点和问题。[1] 只

---

[1] 《中国共产党党内监督条例(全文)》(2016 年 11 月 2 日),中国共产党新闻网,http://cpc.people.com.cn/n1/2016/1102/c64387-28829770.html,最后浏览日期:2020 年 5 月 23 日。

有党员尤其是普通党员的监督权利得到了确实保障,党内民主监督才能发挥应有作用,使得每位党员尤其是领导干部都切实接受党内民主监督。

监督制度建立之后,就需要明确"监督谁"的问题,尤其是要明确监督的重点对象。对此,《决定》提到了三个方面的内容。第一,要"重点加强对高级干部、各级主要领导干部的监督"。这是针对关键少数的监督,因为他们是权力的主要行使者,在所有监督对象中起着表率作用。第二,要"完善领导班子内部监督制度"。第三,要"破解对'一把手'监督和同级监督难题"[①],这也是监督对象的重中之重。"一把手"领导主持本级组织或本部门的全面工作,监督工作也在其领导下进行,因此,对"一把手"和同级组织的监督往往存在一定的难度,这就需要通过专门的制度规定予以破解。

明确了监督的重点对象后,还需要明确监督的重点内容。中国共产党是我国的执政党,国家也是政治性的组织,因此,政治监督必须放在党和国家所有监督内容的首位。政治监督不同于一般的监督,要特别强调其政治性。强化政治监督包括两个方面的内容,一是要加强对党的理论和路线方针政策以及重大决策部署贯彻落实情况的监督检查。也就是说,要加强监督党中央和上级党组织所作出的决策部署是否得到了及时的贯彻,是否能够不打折扣地落实落地。如果没有落实落地,如果打了折扣,导致政令不通,那么党的组织性、纪律性就会被破坏,国家

---

① 《中共中央关于坚持和完善中国特色社会主义制度 推进国家治理体系和治理能力现代化若干重大问题的决定》,人民出版社,2019年,第40—41页。

作为政治性组织的效力就无法实现。二是必须建立相应的制度,具体而言,就是要完善巡视巡察整改、督察落实情况报告制度。

要做好监督工作,还必须在体制上进行改革完善。因此,《决定》指出,要"深化纪检监察体制改革"。具体而言,一是要"加强上级纪委监委对下级纪委监委的领导",二是要"推进纪检监察工作规范化、法治化",三是要"完善派驻监督体制机制"。①对此,党的十八大以来,党中央在推进全面从严治党、加强并保持高压反腐态势的过程中,不断探索推进纪检监察体制改革。2018年3月,第十三届全国人大一次会议通过了《中华人民共和国监察法》,并在新修订的《宪法》中明确了监察委的地位。全国和各地相应成立了纪委领导下的监察委,并通过党和国家机构改革将原先分属不同机构的监察相关职权整合赋予监察委统一行使,这些都为纪检监察体制的进一步改革完善奠定了基础性的制度框架。

此外,《决定》在监督体系方面还强调了四种统筹。一是在方式上,要"推进纪检监督、监察监督、派驻监督、巡视监督的统筹衔接"。各种监督方式各有各的特点和侧重点,要在党的统一领导下,充分发挥各种监督方式各自的优势,既要织密监督网络,实现监督全覆盖,也要避免重复监督或形式主义,切实给基层减负。二是要"健全人大监督、民主监督、行政监督、司法监督、群众监督、舆论监督制度"。也就是说,要把不同主体的监督

---

① 《中共中央关于坚持和完善中国特色社会主义制度 推进国家治理体系和治理能力现代化若干重大问题的决定》,人民出版社,2019年,第41页。

统一起来,既要拓宽监督工作的参与面,尤其是要激发群众和社会力量有序参与监督工作的积极性,在监督工作中充分发扬党的群众路线的优良传统;同时,要把各方主体参与监督工作的具体制度统合起来,实现各种监督渠道之间的联动协调。三是要"发挥审计监督、统计监督职能作用"。这是因为,对领导干部的监督尤其是经济方面的监督,需要有专业性的支持,以实现监督和问责的科学性、精准性。四是要"以党内监督为主导,推动各类监督有机贯通、相互协调"。[①]

四、完善权力配置和运行制约机制

在权力制约机制的建构上,《决定》指出,要"完善权力配置和运行的制约机制"[②],具体包括以下三个方面的内容。

首先,要坚持权责法定。具体要推进两个方面的工作,一是要"健全分事行权、分岗设权、分级授权、定期轮岗制度",二是要"明晰权力边界,规范工作流程、强化权力制约"。[③] 这是两个方面的制度化要求,其目的就是要更加科学地对公共权力运行的全流程、全过程,立体性地进行权责法定,把各个环节权责配置和运行流程规定得更加明晰。要做到权责清晰,要把权责分解到岗位,分解到人,细化各部门和各岗位的职责边界,这是精准监督和有效问责的基础。权责法定绝不能演变为责任推诿或部门间的组织区隔,而是要实现部门之间和岗位之间的相互制约

---

① 《中共中央关于坚持和完善中国特色社会主义制度 推进国家治理体系和治理能力现代化若干重大问题的决定》,人民出版社,2019年,第41页。
② 同上。
③ 同上。

与协同配合的有机统一。

其次,要坚持权责透明。推动用权公开,其中也有两个方面的具体工作需要推进。一是要"完善党务、政务、司法和各领域办事公开制度";二是要"建立权力运行可查询、可追溯的反馈机制"。[1] 有了这两方面的机制之后,就可以使权力在阳光下运行。一方面,要通过制度建设来规范用权公开,该公开的事项要如实对社会公开,该反馈的事项要及时给出反馈,督促当事部门主动自查整改,确保各项监督尤其是群众监督和社会监督有力有效。另一方面,要鼓励引导主动公开,主动接受群众和社会的监督,主动听取意见建议,以此改进工作作风,提高工作成效。

最后,要坚持权责统一。所谓权责统一,就是权力开始运行之后,相应的责任就要跟上。要做到权责对等,职责分解到位后,要赋予相应的职权,只有职权匹配基础上的监督才能做到公平公正。对此,《决定》提到三项具体内容,一是要"盯紧权力运行各个环节,实现在各环节都做到权责统一"。二是要"完善发现问题、纠正偏差、精准问责有效机制"。也就是说,一旦有问题,要能立即发现,发现后要能立即纠正,纠正不到位要能精准问责。一旦需要问责,要严格按照法定职责,该问责的要严肃问责追责,职责之外的要严格避免问责的扩大化。三是要"压减权力设租寻租空间"[2],也即在制度设计和制度运行的过程中,都要挤压腐败的空间,使之不能腐。

---

[1] 《中共中央关于坚持和完善中国特色社会主义制度　推进国家治理体系和治理能力现代化若干重大问题的决定》,人民出版社,2019年,第41页。
[2] 同上。

五、构建一体推进完善不敢腐、不能腐、不想腐体制机制

在现实中,即便在制度层面压减了权力设租寻租的空间,有可能依然还会有人腐败或者钻空子腐败。对此,《决定》指出,要"构建一体推进完善不敢腐、不能腐、不想腐的体制机制"。① 这一套体制机制是逐层递进的,首先要通过严厉的惩处使权力的行使者对党纪国法心生敬畏,做到不敢腐;其次要通过完善制度设计尤其是"腐败高发"领域的制度设计进一步挤压腐败空间,做到不能腐;最后要通过反腐败教育从思想上杜绝腐败根源,做到不想腐。要建构这样一套一体化的体制机制,首先必须要有坚定的态度,即必须坚定不移地推进反腐败斗争,对腐败零容忍的态度必须坚决不动摇。腐败是人民群众最深恶痛绝的,是严重违反党纪国法的行径,我们党之所以能赢得人民的拥护和信任,其中一个重要原因就在于党始终坚持严防腐败、严惩腐败。对腐败零容忍的态度一旦动摇了,此前形成的高压反腐态势就会动摇,腐败就会卷土重来。所以,高压反腐态势未来仍将是中国政治的一种新常态。

基于这一态度,《决定》提出,坚定不移地推进反腐败斗争要做到三个方面的"坚决"。一是要"坚决查处政治问题和经济问题交织的腐败案件",二是要"坚决斩断'围猎'和甘于被'围猎'的利益链",三是要"坚决破除权钱交易的关系网"。② 利益链和

---

① 《中共中央关于坚持和完善中国特色社会主义制度 推进国家治理体系和治理能力现代化若干重大问题的决定》,人民出版社,2019年,第41页。
② 同上书,第41—42页。

关系网包括政治问题和经济问题交织在一起的各类网状关系,随着经济社会的发展,利益关系会越来越复杂,这种交织所形成的"网链"也会越来越密集,加之反腐败体制机制也有一个逐渐完善的过程,这就在客观上造成了腐败发生的社会背景。一些领导干部在利益诱惑和"网链"关系的牵扯下丧失了理想信念,走上了腐败的不归路。因此,在惩治腐败分子的同时,坚决斩断各种腐败的"网链"关系。

反腐败要做到标本兼治,还必须加强制度建设。对此,《决定》提出了五个方面的具体内容作为重点要求。第一,要"推动审批监管、执法司法、工程建设、资源开发、金融信贷、公共资源交易、公共财政支出等重点领域监督机制改革和制度建设"。第二,要"推进反腐败国家立法,从立法上打击腐败"。以上两个方面针对的都是国内问题。在全球化背景下,许多腐败已经演变为跨国现象,有些腐败分子妄图通过逃往国外而逍遥法外,有些腐败分子的背后牵连着海外的"网链"关系。因此,第三,要"促进反腐败国际合作"。[①] 目前,随着中国进一步融入全球化,反腐败的跨国合作的重要性越来越凸显,也成为新时代反腐败工作中的重要内容之一。为此,中国一方面加大海外追逃力度,一大批"红通"逃犯相继归案投案;另一方面,中国也积极提供反腐协作,与各国一道打击惩治腐败。以上三个方面都是在制度性的、刚性的方面来加强反腐败的制度建设,除此之外,还要有两项柔性的内容。第四,要"加强思想道德和党纪国法教育"。

[①]《中共中央关于坚持和完善中国特色社会主义制度 推进国家治理体系和治理能力现代化若干重大问题的决定》,人民出版社,2019年,第42页。

腐败的发生固然有其客观的社会背景，但根源还在于腐败分子在主观上理想信念丧失，忘记了"初心"和"使命"。因此，只有通过加强思想道德和党纪国法教育，筑牢反腐败的思想防线，才能从根源上做到不想腐。第五，要"巩固和发展反腐败斗争压倒性胜利"。① 反腐败工作不是某个阶段"抓一下"就可以了，还要不断巩固反腐败斗争的胜利成果，形成压倒性的胜利。只有这五个方面的工作都做到位了，标本兼治的反腐败制度就能基本确立起来。

至此，我们对权力监督、权力制约和反腐败的有关制度体系进行了分析。从中可以看出，党在反腐败问题上，进而在如何能够真正做到立党为公、执政为民的问题上，在如何加强长期执政能力建设的问题上，都有很强的危机意识。党的十八大以来，在党中央、中纪委领导下，党和国家查处了一大批腐败分子，其中不少都是党的高级领导干部；同时，通过中央八项规定纠正了一系列"四风"问题，其中许多都是群众反映强烈的问题。在这些党风廉政建设和反腐败斗争成果的背后，也暴露出党和国家在前进道路上所面临的风险挑战。与此同时，我们党能用坚定的决心和科学的方法来应对这些风险挑战，对权力进行有效的监督和制约，使腐败问题得到切实解决，真正做到把权力关进制度的笼子，真正做到"不忘初心、牢记使命"，由此形成的这一整套制度体系就能为党实现自我净化、自我完善、自我革新、自我提高提供制度保障。

---

① 《中共中央关于坚持和完善中国特色社会主义制度　推进国家治理体系和治理能力现代化若干重大问题的决定》，人民出版社，2019年，第42页。

六、结语

综合来看,十九届四中全会的《决定》为新时代条件下的权力监督、权力制约和反腐败工作奠定了"四梁八柱"。然而,反腐败斗争"永远在路上"。今后,要在此基础上进一步根据新形势、新情况、新特点进行体制机制的完善和创新,解决新问题,从而保证新时代中国特色社会主义事业的顺利发展,不断筑牢权力监督、权力制约和反腐败斗争的制度基础。

第十五讲

中国之道

在以上的十四讲中,我们已经基于党的十九届四中全会通过的《决定》,对全会的主要精神做了整体性的梳理,特别是对《决定》中的十三个"坚持和完善",以及中国特色社会主义制度和国家治理体系的"四梁八柱"内容做了框架性的分析。从新中国成立以来,我们制度的"四梁八柱"在不同时期经历过不断的调整和发展,如今的这套制度体系是在现代国家、现代社会和现代市场逐渐生成的过程中,在不断推进党的建设新的伟大工程的过程中形成的,也是在理论创新的指导和实践创新的积累中形成的。随着中国特色社会主义进入新时代,这套制度框架和"四梁八柱"需要走向定型。因此,党的十九届四中全会在中国特色社会主义制度发展和国家治理现代化的历程中具有重要的历史意义。

从制度确立到改革发展、最后走向制度定型和制度完善的过程是基于中国现代化建设的实践逻辑而形成的,如果说这一套制度体系和治理体系在实行和落实的过程中形成了"中国之治",那么在其背后则蕴含着更为深刻的规律和原理,也即"中国之道"。这些规律和原理不仅仅适用于中国,其中相当一部分也是适用于所有现代国家治理的共通性内容。正如党的十九大报告所指出的:"中国特色社会主义道路、理论、制度、文化不断发展,拓展了发展中国家走向现代化的途径","为解决人类问题贡献了中国智慧和中国方案"。① 当我们详细梳理了中国特色社

---

① 《决胜全面建成小康社会 夺取新时代中国特色社会主义伟大胜利——在中国共产党第十九次全国代表大会上的报告》,人民出版社,2017年,第10页。

会主义制度体系中的各项具体制度之后,再进一步探讨贯穿其中的"中国之道",既能帮助我们更好地从整体上理解和把握我们的制度体系,增强"四个自信",并在未来对制度体系的发展完善中用好这些规律和原理;也有助于为其他国家的现代化建设和构建面向未来的人类现代文明形态贡献来自中国的理论思考和经验借鉴。

一、制度体系和治理体系的显著优势:中国之道的表现

《决定》指出:"我国的国家制度和国家治理体系具有多方面的显著优势。"[①]这些优势就是现代国家治理之道在中国演绎的外在表现。正如习近平总书记所说:"鞋子合不合脚,自己穿了才知道。道路走得怎么样,最终要用事实来说话、由人民来评判。"[②]任何国家的现成经验或任何现代国家治理理论都不能拿来照搬照抄,中国如今的制度体系和治理体系是在坚持社会主义原则的前提下,充分借鉴人类现代文明成果,并基于中国自身的实践经验而形成的,是被实践证明了适应中国实际的。要理解"中国之治"所包含的"中国之道",就必须了解国家制度体系和国家治理体系所具有的显著优势。

对此,《决定》具体表述为十三个方面的显著优势。第一,坚持党的集中统一领导,坚持党的科学理论,保持政治稳定,确保

---

① 《中共中央关于坚持和完善中国特色社会主义制度 推进国家治理体系和治理能力现代化若干重大问题的决定》,人民出版社,2019年,第3页。
② 《习近平谈发展道路:鞋子合不合脚穿着才知道》(2012年3月23日),中国新闻网,http://www.chinanews.com/gn/2013/03-23/4670131.shtml,最后浏览日期:2020年5月23日。

国家始终沿着社会主义方向前进的显著优势;第二,坚持人民当家作主,发展人民民主,密切联系群众,紧紧依靠人民推动国家发展的显著优势;第三,坚持全面依法治国,建设社会主义法治国家,切实保障社会公平正义和人民权利的显著优势;第四,坚持全国一盘棋,调动各方面积极性,集中力量办大事的显著优势;第五,坚持各民族一律平等,铸牢中华民族共同体意识,实现共同团结奋斗、共同繁荣发展的显著优势;第六,坚持公有制为主体、多种所有制经济共同发展和按劳分配为主体、多种分配方式并存,把社会主义制度和市场经济有机结合起来,不断解放和发展社会生产力的显著优势;第七,坚持共同的理想信念、价值理念、道德观念,弘扬中华优秀传统文化、革命文化、社会主义先进文化,促进全体人民在思想上精神上紧紧团结在一起的显著优势;第八,坚持以人民为中心的发展思想,不断保障和改善民生、增进人民福祉,走共同富裕道路的显著优势;第九,坚持改革创新、与时俱进,善于自我完善、自我发展,使社会始终充满生机活力的显著优势;第十,坚持德才兼备、选贤任能,聚天下英才而用之,培养造就更多更优秀人才的显著优势;第十一,坚持党指挥枪,确保人民军队绝对忠诚于党和人民,有力保障国家主权、安全、发展利益的显著优势;第十二,坚持"一国两制",保持香港、澳门长期繁荣稳定,促进祖国和平统一的显著优势;第十三,坚持独立自主和对外开放相统一,积极参与全球治理,为构建人类命运共同体不断作出贡献的显著优势。

《决定》进一步指出:"这些显著优势,是我们坚定中国特色社会主义道路自信、理论自信、制度自信、文化自信的基本依据。"①

一方面,要在认清自身优势的基础上坚持我国的制度体系和治理体系。如今我们形成的"中国之治"来之不易,凝聚着一代代中国共产党人和广大人民群众艰难探索、锐意创新的心血,上述这些优势充分说明了它适应中国的实际,是我们需要倍加珍惜、始终坚持的。当然,我们强调"中国之治"的优势绝不是否认别国社会制度和治理模式的优点,各国在现代化进程中探索形成的社会制度和治理模式都有适应本国实际的一面,都有其各自的优势,但如果照搬照抄,生搬硬套,就会"水土不服"。因此,我们要在与世界各国交流互动的过程中认清自身优势,讲清自身优势,尤其是要认清讲清"中国之治"是如何既坚持了社会主义原则又适应了中国现代化发展的实际而具有了这些优势,从而增强"四个自信"。

另一方面,要在认清自身优势的基础上完善我国的制度体系和治理体系。"中国之治"经过新中国成立以来70多年,特别是改革开放以来40多年的探索与积累,至今已经进入但也才刚刚走到基本定型的阶段,今后在许多具体方面还需要继续完善细化,还需要根据新形势、新特点推进改革创新。根据党的十九大确定的战略安排,到2035年,各方面制度要更加完善,国家治理体系和治理能力现代化要基本实现;到本世纪中叶,要最终实现国家治理体系和治理能力现代化。② 在完善制度体系和治

---

① 《中共中央关于坚持和完善中国特色社会主义制度 推进国家治理体系和治理能力现代化若干重大问题的决定》,人民出版社,2019年,第4页。
② 《决胜全面建成小康社会 夺取新时代中国特色社会主义伟大胜利——在中国共产党第十九次全国代表大会上的报告》,人民出版社,2017年,第10页。

体系的过程中,要更加充分地发挥出其优势,弥补其不足,使之成为实现中华民族伟大复兴和构建人类命运共同体的坚实保障。

二、 中国之治与中国之道

上述国家制度体系和国家治理体系的这十三个显著优势是"中国之道"的具体表现,是"中国之治"背后的规律和原理在具体实践中的体现。基于对这些优势的认识,再结合此前十四讲我们对"中国之治"中各项具体制度和具体工作的分析,我们得以进一步分析"中国之道"的内涵结构。"中国之治"背后所包含的"中国之道",可以概括为三个方面,即指导思想的角度、本质规定的角度以及具体治理之道的角度,每个方面又包含若干具体内容。

首先,从指导思想的角度来看,整体的国家制度、中国特色社会主义各项制度、国家治理体系以及在具体落实过程中所形成的"中国之治",都充分地体现了马克思主义的哲学、政治经济学和科学社会主义的基本原理。也就是说,在"中国之治"所包含的"中国之道"之中,最重要的就是马克思主义基本原理及其具体内容。其中,马克思主义哲学中的辩证唯物主义和历史唯物主义为我们提供了认识客观世界和人类社会的科学的世界观和方法论,马克思主义政治经济学为我们阐明了现代经济和政治的本质规定和基本规律,科学社会主义揭示了人类社会发展的历史规律,并指出了无产阶级政党在这一历史进程中的使命。在马克思主义指导下而形成的我党的一脉相承的指导思想是"中国之治"之所以能取得成功的关键因素,也可以说是"中国之道"中的根本之道。

其次,从本质规定的角度来看,马克思主义要能够形成"中国之治"背后的根本之道,其中的"道"以及相应的逻辑必须通过相应的载体来实现。这个载体就是中国共产党。中国共产党在中国的诞生,是三个逻辑共同演绎和有机统一的结果,一是中华民族的历史逻辑,二是现代社会的发展逻辑,三是共产主义运动的逻辑。也就是说,在党的领导下,马克思主义实现了中国化,并得以落实到国家和社会发展的实践中,才诞生了中国特色社会主义。一方面,在马克思主义基本原理基础上,中国共产党结合中国革命、建设和改革的实际,使马克思主义中国化,形成了毛泽东思想和中国特色社会主义理论体系,其中,习近平新时代中国特色社会主义思想是马克思主义中国化的最新理论成果,也是新时代条件下直接指导中国特色社会主义发展的理论依据。另一方面,只有理论创新还不够,中国共产党还通过团结带领各族人民将这些指导思想运用于实践中,落实到各项具体工作中,并接受实践检验。正是在这样的过程中,中国特色社会主义在党的领导下得以开创并不断发展。因此,中国特色社会主义的最本质特征以及中国特色社会主义制度的最大优势都体现为党的领导。"中国之道"如果从最根本的理论维度或者规律维度来讲,是基于马克思主义理论;而将理论逻辑落到中国具体的实践之中,使之能够有效地落地,则是通过中国共产党的领导才得以实现的。因此,党的领导是"中国之治"背后的本质规定。

最后,从具体内容的角度来看,在党的领导下,"中国之治"还体现了以下几方面治理之道。

第一,在价值理念和发展方向层面上,既坚持以人民为中心的价值理念,也坚持社会主义的发展方向。在前面十四讲的内容以及上述十三个显著优势里,贯穿着的最根本的价值理念就是以人民为中心。只有始终坚持以人民为中心,才能做到发展为了人民,发展依靠人民。这与以资本为中心的逻辑是有本质不同的。发展为了人民,意味着要以人民的利益为根本出发点和落脚点,强调发展成果为人民所共享,最终实现共同富裕和人的全面发展。发展依靠人民,意味着坚持人民的主体地位,强调人民群众是历史的创造者,通过充分调动人民群众的积极性、主动性、创造性来实现发展。

要实现发展为了人民、发展依靠人民,就需要通过党的领导,按社会主义的原则和方式将人民组织起来,形成一系列制度。党要代表最广大人民的根本利益,既要扎根群众,又要引领群众,把个体的人整合成为整体的人民,把分散的各群体利益整合成整体的人民的利益。在这个过程中,社会主义的原则以及中国特色社会主义道路等社会主义的逻辑得到了充分的发展,成为我们能够成功实现兼顾发展和秩序的关键之所在。价值理念和发展方向的建构使得各项具体工作都有了基础。

第二,在使命和追求层面上,既要实现民族复兴,也要实现世界大同。如前所述,中国共产党所讲的"不忘初心、牢记使命"就包含在以人民为中心之中。无论是为人民谋幸福、为民族谋复兴,还是为世界谋大同,归根结底都源于以人民为中心的价值追求。在民族维度上,党的使命追求就是希望中华民族实现伟大复兴;在世界维度上,党的价值追求就是希望促进各国各民族共同发展,构建人类命运共同体。这样的使命和追求就成为不断组织人民、不断与世界各国人民合作的共同方向和目的,也为中国特色社会主义现代文明走向成熟,乃至构建面向未来的人类现代新型文明形态奠定基础,从而超越以资本为中心,最终走向以人民为中心。

第三,在工具和手段层面上,既能够总揽全局,又可以协调各方。一方面,无论是国家制度体系和国家治理体系的发展,还是中国特色社会主义事业的发展,都是事关全局的,只有中国共产党能够站在整体和全局的高度统筹推进各项工作,处理好整体与局部、战略与战术的关系,使各项具体工作既服从于又服务于大局。另一方面,各项工作的推进需要整合各方力量,需要协调各方利益,这既包括各相关职能部门之间的整合协调,也包括体制内外和不同群体之间的整合协调。在实践中,仅仅依靠制度机制来实现整合协调往往是不够的,而党的协调各方的优势则能为此提供一种组织机制,使得各方能在党的领导和党的组织机制中凝聚共识,并确保分头落实。

第四,在形态和效果层面上,既做到多元一体,又实现发展与秩序的有机统一。只有实现了总揽全局、协调各方,才能形成这样的形态和效果。多元一体既体现在民族关系处理上,也体现在各地区、各种所有制关系处理上,还体现在各种工具手段和各种工作方法运用上。在前述的十三个"坚持和完善"所对应的各项具体工作中,以及国家制度体系和国家治理体系的各个方面,都包含有各类统筹性工作。统筹性工作除了总揽全局、协调各方之外,就是要实现各类主体、各种方法和各个方面的多元一体。

总揽全局、协调各方不仅是为秩序而秩序,也不仅是为发展而发展。政治的作用,或者说文明的重要特征,很重要一点就是体现为既要推动社会发展,又要建构社会秩序。发展和秩序就相当于车的油门和刹车。开车只有油门没有刹车不行,只有刹车没有油门也不行。所以,要在发展过程中保持发展和秩序的统一,要在调动多元一体的基础上,既发挥各方面的优势和积极性,又发挥一体化内在的有机化和秩序感。也就是说,要使发展和秩序都有依靠,都有基础。在现代化进程中,由于各国现代化的起点不同,社会历史条件不同,因此,各国之间尤其是那些起步较早、发展程度较高的发达国家的发展时序与其他后发国家之间在现代化道路和发展时序上是存在差异的,如果后发国家脱离自身实际和发展时序而照搬照抄发达国家的模式,就会出现不合拍、不一致的情况。其中,许多所谓的"失败国家"就失败在没有根据自身实际统筹好发展与秩序的关系,因而造成社会失序、政局动荡等一系列问题,经济社会发展一再遭遇挫折和反复。

第五,在主体和方式层面上,既坚持独立自主,又坚持改革开放。正是为了根据中国的实际处理好发展与秩序的关系,中国共产党在总揽全局、协调各方的情况下,按发展的时间顺序,一方面保证自己的独立性和主体性,另一方面按照自己的节奏逐步深化对内改革,扩大对外开放。于是,中国能够在保持独立自主的前提下,积极地融入整个现代文明发展的整体潮流之中,汲取他者的经验,改革自身的不足,从而实现独立自主和改革开放的有机统一。

第六,在保障和支持层面上,强调自我革命和权力监督。我们既要看到新中国成立以来特别是改革开放以来我们取得的发展成就,但也绝不能因此而故步自封,骄傲自满。在党领导人民进行革命、建设和改革的各个阶段，都具有跃升性的进步，这种跃升性的进步就包含着自我革命的意识。邓小平同志说，改革也是一场革命。实际上，革命即迭代性的发展，只有对自身发展中存在的不足之处进行及时的改进，乃至根据时代的要求进行迭代，这样才能不断推动自身的发展。

此外，在国家制度体系和国家治理体系中，还必须贯穿对权力的监督。特别是党的十八大以来，监督权力被提升到非常重要的地位，高压防腐成为中国政治的一种新常态。由此，我们既能做到自我革命、不断与时俱进，又能够有效地监督自己的权力，确保执政为民，确保权为民所用，从而赢得人民的拥护与信任，保障国家的长治久安，保障党和国家的事业不断前进。

第七，在逻辑和机理层面上，也即贯穿于以上各个层面之中的，就是要在时间维度上和整体文明形态的结构维度上形成相辅相成的一对关系。一方面，在时间维度上要保持整体稳定的发展。在党的领导下，可以统筹中国自身的发展节奏和世界发展的时代要求，持续稳定地推进党和国家事业的发展。另一方面，无论是在主体结构、要素结构或者机制结构中，还是在国内和国际两个大局中，都追求有机统一。于是，在时间维度上做到持续稳定发展，在结构维度上做到有机统一，从而建构相应的秩序，最终将以上所讲的各方面具体内容统一于中国特色社会主义发展的全过程，这就为社会主义现代化建设、中华民族的伟大复兴乃至人类命运共同体建构寻找到了一种治理之道。

治理之道看起来是从"中国之治"中总结出来的，体现于国家制度体系和国家治理体系的显著优势之中，但这些显著优势所体现的治理之道，又包含了所有治理有效的现代国家应该遵循的一般性规律。作为中国特色和普遍意义有机统一的"中国之道",是以中国的智慧为世界贡献出治理之道。

至此,我们对党的十九届四中全会精神做了解读,对《决定》的内容做了梳理,并以此为基础,对这些内容背后所包含的逻辑和结构做了阐述。十九届四中全会的精神和内容非常丰富,内涵博大精深,值得我们进一步系统深入的学习和思考。

第十六讲

大国战"疫"

新冠肺炎疫情发生以来,对整个国家造成了巨大的冲击。从冲击波及的方面来说,这个冲击不仅仅给全国人民的生命安全和身体健康带来了重大的危险,而且对我国的经济和社会全局工作造成了很大的影响。从冲击波及的范围来说,新冠肺炎疫情是一场涉及全国、涉及全球的重大疫情。此次新冠肺炎疫情是新中国成立以来传播速度最快、范围最大、波及面最广的疫情。新冠肺炎疫情发生后,党领导人民迅速进行了应对重大疫情的紧急动员,将此次应对新冠肺炎疫情的防疫抗疫定位为一场人民战争、一场总体战、一场阻击战。对我们国家来讲,此次新冠肺炎疫情是一次重大危机,是对国家治理体系和治理能力现代化建设成果的一次"压力测试",是对中国特色社会主义制度体系的一次大考。简而言之,此次新冠肺炎疫情是对"中国之治"的一次大考。

那么,此次新冠肺炎疫情的大考究竟考验了"中国之治"的哪些主要方面呢?结合党中央在此次新冠肺炎疫情中的判断,我们认为此次新冠肺炎疫情集中考验了"中国之治"的领导能力、应急能力、动员能力和贯彻能力。我们在之前的内容中已经结合党的十九届四中全会精神和部署,通过中国之治、党的领导、人民民主、依法治国、优化政府、发展经济、繁荣文化、造福人民、社会治理、生态文明、党指挥枪、一国两制、和平外交、权力监督、中国之道十五讲的内容,系统阐述了"中国之治"的制度之基和治理之道,阐明了"中国之治"的制度优势。领导能力、应急能力、动员能力和贯彻能力构成现代国家国家治理能力的四个最为关键的维度。此次新冠肺炎疫情对"中国之治"的大考,充分证明了"中国之治"的能力优势和生命力。

一、新冠肺炎疫情是对"中国之治"领导能力的一次大考

对于一个国家来说,领导能力主要指的是国家能否切实承担起领导民众参与公共事务、促进公共事务发展的能力。"中国之治"的领导能力优势集中表现为党的领导,表现为党统揽全局、协调各方的能力。此次新冠肺炎疫情不仅仅给全国人民的生命安全和身体健康带来了重大的危险,而且对我国的经济和社会全局工作造成了很大的影响,如果没有一个强有力的领导核心,没有党的有力领导,很有可能会造成防疫抗疫秩序的崩溃,进而对人民群众的生命健康和国民经济、社会发展造成更大的影响。

从疫情防控自身来讲,一是需要组织医疗系统进行一线抗疫,同时参与科学防疫工作。二是需要所有民众的参与,做好基层防控,尤其是社区和家庭防控工作,需要在全社会建立防控阵线。三是需要相关科研力量投入疫情防控相关的科研攻关。四是需要相关企业开展疫情防控需要的生产活动。五是需要相关社会组织积极参与疫情防控的部分工作。

对于一场重大的疫情防控来说,需要的方面还不止这些,在此次新冠肺炎疫情中,我们之所以能保证参与疫情防控工作的各个方面、各个领域、各个组织甚至每个个人都按照党中央的统一部署来行动,形成全国防疫抗疫的一盘棋,可以说正是依靠了党的领导这一独特的优势。

二、新冠肺炎疫情是对"中国之治"应急能力的一次大考

应急能力主要指的是国家在重大应急事件或危机状态下,能否迅速形成应对危机、解决问题的能力。在此次新冠肺炎疫情中"中国之治"应急能力的优势主要体现在以下三个方面:即联防联控、迅速决策和迅速响应。联防联控构成应急能力的常态化机制,保证了应急能力的基础。迅速决策和迅速响应的配合使得我国可以高效地应对此次新冠肺炎疫情的挑战。

就联防联控而言。在此次新冠肺炎疫情中,我们一方面积极动员群众,建立社区阵线和家庭阵线,开展社区防疫、家庭防疫。另一方面,党中央多次召开会议,对全党工作进行部署,对全面的疫情防控工作进行整体动员,对国家运行机制、联防联控机制进行动员,对社会、群众等一系列疫情防控相关的机制进行动员,使得联防联控机制在疫情防控中迅速启动和发挥作用。

就迅速决策而言。此次新冠肺炎疫情发生以来,党中央就多次召开政治局常委会议,进行一系列周密部署,采取一系列有效措施。在每一个疫情防控工作阶段转换的节点上,都能迅速形成相应的决策。事实上,我们知道面对一场如此严重的疫情,如果错过疫情防控的决策时机和政策节点,人民群众和国家、社会就会付出很大的代价,因此,迅速决策、科学决策十分关键。

就迅速响应而言。迅速决策只有得到迅速响应,才能真正

发挥作用。此次新冠肺炎疫情发生后,在党中央的决策部署下,疫情防控相关的各级党组织,政府机构,各类相关的经济组织、社会组织都迅速响应中央决策和号召,这才铸就了疫情防控过程中"火神山""雷神山"医院建成和全国广大医务工作者驰援湖北的一个又一个奇迹。

三、新冠肺炎疫情是对"中国之治"动员能力的一次大考

　　动员能力主要指的是国家能否有效动员民众参与公共事务、促进公共事务发展的能力。中央将此次新冠肺炎疫情防控工作定位为人民战争、总体战和阻击战。所谓人民战争就涉及人民群众的方方面面,就要能够把全国人民组织起来,根据疫情防控的科学要求,建立各种防控阵线。能不能有效地将人民组织起来,将各种力量配置到疫情防控过程中,这实际上就是在考验"中国之治"的动员能力,尤其是在考验党的动员能力和群众工作的能力。

　　要能够有效地动员人民,除了党中央进行动员部署之外,还必须充分发挥各种组织化力量,让每一个人在各自岗位上发挥相应的作用。在此次新冠肺炎疫情防控过程中,党组织和群团组织在保障动员能力上起到了十分关键的作用。

　　就党组织发挥的动员能力而言。疫情发生后,党中央就发出号召和指示,要求各级党组织和全体党员在疫情防控中,必须充分发挥党组织战斗堡垒作用和党员先锋模范作用。我们的党组织在这一次战"疫"中发挥了非常关键的作用,党员的先锋模范作用也体现得淋漓尽致。在此次新冠肺炎疫情防控过程中,

因公殉职的人员中绝大部分是共产党员。

就群团组织发挥的动员能力而言。群团组织也在这一过程中发挥了应有的作用。从一定意义上讲，此次新冠肺炎疫情也是对群团组织的一场大考，是检验群团组织改革成效的一次大考。以妇联为例，我们知道在此次参与疫情防控的医护人员之中，女性比例相当之高。大家也都看到了，疫情防控工作中的"逆行者"中许多也是女性，她们体现出非常好的奉献精神和战斗精神，令人非常感动。妇联还通过妇女自己所在的组织体系，发挥妇女在家庭生活、社会生活中独特的抗疫作用。这也使得在疫情防控的家庭防线构建上，妇女起到了非常重要的作用。因此，在疫情防控的考验面前，群团组织的组织能力和党的群众工作也成为我们动员能力的重要保障。

四、新冠肺炎疫情是对"中国之治"贯彻能力的一次大考

贯彻能力主要指的是国家能否有效实施其公共政策的能力，尤其是能否将相关政策落实到社会基层的能力。在此次新冠肺炎疫情防控过程中，所有的决策、所有的动员、所有的组织都必须落实到基层、扎根进基层才能真正发挥作用。在此次疫情防控工作相关部署、决策深入到基层的过程中，党的组织体系、问责机制和常态化贯彻机制都发挥了十分重要的作用。

首先，党中央充分调动党的组织和群团组织体系，来保证动员和政策的落实，在这样的一个过程中，党对疫情防控的各项决

策部署，很快地落实到了基层。其次，党的各级组织启动了相应的问责机制，来监督和保障疫情防控政策的落实和工作成效的提升。最后，此次新冠肺炎疫情实际上不仅是对应急状态下国家治理的考验，更是对日常国家治理体系和治理能力基础的考验。党领导人民探索建立的中国特色社会主义制度，在日常的建设和发展过程中，就已经形成了常态化的政策贯彻机制，这保证了我们在疫情面前，能够进行更有效的政策落实，开展卓有成效的疫情防控工作。

五、 在新冠肺炎疫情后实事求是地继续推进"中国之治"的发展和完善

此次新冠肺炎疫情对"中国之治"的大考，充分证明了"中国之治"的能力优势和生命力。但是，在看到中国特色社会主义制度的优越性、看到我们国家治理体系和治理能力的优势的同时，我们也要关注和正视此次新冠肺炎疫情防控工作中暴露出的一系列问题。这一系列的问题，既是对我们在应急条件下的国家治理所存在问题的一次提醒、一次暴露，也是对我们整个国家治理体系和治理能力现代化建设中所存在问题的一次提醒、一次暴露。概括起来，此次新冠肺炎疫情防控阻击战作为一个"压力测试"而言，我们需要关注以下两个方面，这两个方面也是国家治理体系和治理能力现代化建设需要进一步发展和完善的地方。

第一，我们必须关注公共卫生体系的发展和完善。公共卫生体系尤其是突发性公共卫生体系存在的短板，在这一次战"疫"中也得到暴露。因此，围绕公共卫生体系，特别是突发

性公共卫生应急管理问题存在的短板，必须在接下来的许多工作中得到完善。此次新冠肺炎疫情防控在暴露问题的同时，也促使我们开展了许多创新性探索，让我们积累了许多宝贵经验，这也是我们进一步推进公共卫生体系的发展和完善的重要基础。

第二，我们必须关注突发性公共卫生事件的应急管理。此次新冠肺炎疫情防控工作中暴露出来的问题，其实也提醒我们，突发性公共卫生事件仅仅是应急事件中的一种类型，在国家治理的其他方面也可能会出现类似的应急性事件。因此，这就提醒了我们，在中华民族伟大复兴的进程中，必须做好应对伟大斗争的思想准备。其中一个很重要的方面，就是必须构建能够适应新时代社会发展要求的、应对突发性事件的体制机制。此次疫情防控阻击战后，我们不能掉以轻心，要有危机意识，必须推动相关的制度和体系建设。

六、结语

新冠肺炎疫情防控阻击战，我们虽然取得了重大战略性成果，但是也付出了很大代价，更暴露出了我们国家治理体系和治理能力上存在的许多短板。在此次新冠肺炎疫情对我们整个国家治理体系和治理能力现代化的"压力测试"后，我们必须直面这些短板，为我们进一步地推进国家治理体系和治理能力现代化建设明确方向、找准着力点。

我们必须利用好、总结好此次新冠肺炎疫情防控过程中所发现的这些问题，来针对性地整体推进我们的国家治理体系和治理能力的现代化水平。只有这样，我们才能真正对得起我们在此次新冠肺炎疫情防控阻击战中所付出的牺牲和代价,使得我们的中华民族在经历此次新冠肺炎疫情的挑战后,浴火重生。

后记

本书作为复旦大学党委党校开展干部培训和理论学习的辅导教材，是基于我在学习强国 APP"复旦讲堂"栏目上的微党课"解码中国之治"所作。本书仍然保留了我在微党课中十六讲的基本内容结构，主要是根据书面语言和口头语言的风格差异，对讲稿的内容作了修订和完善，在一些理论问题上，也作了进一步的深入讨论，供听众和读者相互参照学习。

中国特色社会主义已经进入新时代，中国现代文明构建也进入整体定型和形态跃升阶段。党的十九届四中全会审议通过的《中共中央关于坚持和完善中国特色社会主义制度、推进国家治理体系和治理能力现代化若干重大问题的决定》（以下简称《决定》），确定了中国特色社会主义制度的"四梁八柱"，并且提出要将整个中国特色社会主义制度进一步推向成熟和定型，这对中国特色社会主义发展、党的治国理政乃至"面向未来人类现代文明的中国形态"的确立都具有重要的里程碑意义。本书基于我多年对于中国政治文明构建、中国特色社会主义制度的思考，对《决定》的制度逻辑和制度体系进行了深入分析，同时回应了党员群众最关切的实践问题，希望对读者理解当代中国政治制度提供一些帮助和启发。

当然,本书的成稿也不仅有我一个人的努力,我所在的复旦大学政党建设与国家发展研究中心的各位同事也为本书的成稿做了很多工作。本书的成稿过程是这样的:郑长忠在讲授"解码中国之治"微党课时形成录音稿,经过复旦大学出版社编辑部初步整理,后经复旦大学政党建设与国家发展研究中心的各位同事修订校对,最后由郑长忠定稿。

本书各章修订分工如下:王志鹏(第一、二、三、四、九、十、十二、十六讲)、孙鹏(第五、六、七、八、十一讲)、沈大伟(第十三、十四、十五讲),同时李亚丁也参与了第九、十、十一、十二讲的部分修订工作。

本书由复旦大学党委党校办公室资助出版,办公室主任周晔、副主任周双丽给予大力支持。同时,复旦大学出版社责任编辑朱枫女士为本书的出版付出大量劳动,在此一并表示感谢。

当然,由于本书所涉及的内容重要且复杂,如有疏漏或不当之处,也请读者批评指正!

郑长忠

2020 年 9 月 10 日

图书在版编目(CIP)数据

解码"中国之治"十六讲/郑长忠著. —上海：复旦大学出版社, 2021.6(2021.12重印)
ISBN 978-7-309-15477-1

Ⅰ.①解… Ⅱ.①郑… Ⅲ.①中国特色社会主义-社会主义建设模式-研究
Ⅳ.①D621

中国版本图书馆 CIP 数据核字(2021)第 084907 号

解码"中国之治"十六讲
JIE MA ZHONG GUO ZHI ZHI SHI LIU JIANG

郑长忠　著
责任编辑/朱　枫

复旦大学出版社有限公司出版发行
上海市国权路 579 号　邮编：200433
网址：fupnet@fudanpress.com　http://www.fudanpress.com
门市零售：86-21-65102580　团体订购：86-21-65104505
出版部电话：86-21-65642845
上海四维数字图文有限公司

开本 890×1240　1/32　印张 6.625　字数 143 千
2021 年 12 月第 1 版第 2 次印刷

ISBN 978-7-309-15477-1/D・1088
定价：36.00 元

如有印装质量问题，请向复旦大学出版社有限公司出版部调换。
版权所有　侵权必究